PHILOSOPHIES CONTEMPORAINES
sous la direction de Jocelyn Benoist et Bruno Gnassounou
16

L'Idée d'un tournant modal en philosophie

Virgil Cristian Lenoir

L'Idée d'un tournant modal en philosophie

Variations heuristiques sur la contingence

PARIS
CLASSIQUES GARNIER
2021

Virgil Cristian Lenoir est philosophe, docteur de Sorbonne Université. Il mobilise un spectre très large de références (de la logique et de l'éthique contemporaines aux pensées chinoises) pour élucider les défis moraux de notre temps. Il a notamment publié *Le Potentiel éthique de l'efficacité* et *La Liberté comme processus éthique*.

ISBN 978-2-406-10992-1 (livre broché)
ISBN 978-2-406-10993-8 (livre relié)
ISSN 2426-0010

AVANT-PROPOS

Il faut chérir les idées qui passent – avec leur battement d'ailes – pesées, tournées et retournées, dans leur silence. Les idées qui voyagent, et qui, parfois, se trompent. Nourrir ces échappées, dans leur sens le plus simple, elles qui divergent, quelque part dans l'invisible …

Il faut chérir les rencontres, quand elles sont impossibles, comme la franchise d'un soir d'été ; et la philosophie, quand elle donne plus qu'on ne pensait.

Une seule idée est déclinée ici : logique, morale, politique – une seule surprise – un seul après, dans un retrait qu'on ne pourrait donner, sans le dédire.

PRÉFACE

L'enjeu du présent travail est d'étayer la pertinence du passage d'un paradigme ontologique à un paradigme effectif-processuel.

Le paradigme ontologique, posant une antériorité des déterminations sur le possible, entraîne, de par son orientation même, un oubli de l'élément de possible, à l'œuvre à chaque fois en contexte.

Or, après le moment incarné par Nietzsche et Marx, les logiques efficaces (les théories opérantes) sont instrumentalisées par des conditions (identités et intérêts) dont elles tiennent leur nécessité.

L'ontologie, entérinant cette nécessité, dont elle ne discute pas la racine volitive, ne peut qu'échouer à remettre en cause, ou du moins à mettre à distance, à chaque fois, les conditions effectives.

En revanche, le paradigme effectif-processuel, libérant une écoute, une considération de l'élément de possible accessible, à chaque fois, en contexte, rend pensable une *assomption* des logiques efficaces, perçues dans leur dépendance par rapport à des conditions dont la nécessité n'est dès lors plus reçue comme un fait.

Cette problématique va, dans ce qui suit, se spécifier en trois moments.

Le passage du paradigme ontologique à un paradigme effectif-processuel a des implications décisives aussi bien en logique (à propos notamment de la question des mondes possibles) qu'en morale (avec le concept de méditations morales) et en philosophie politique (avec le problème du statut des droits de l'homme).

À chaque fois sera remise en cause l'antériorité des déterminations sur le possible, c'est-à-dire la présupposition que toute la possibilité d'une détermination vient *uniquement* de déterminations antérieures, qu'une détermination est purement et simplement *posée* par une série finie de déterminations arrêtées dans leur structuration.

Quelles possibilités ouvre pour la pensée la référence *en plus* à l'élément de possible qui traverse la situation et qui doit être pris en compte de plein droit dans ce qui a fait la possibilité d'une détermination donnée ?

L'ampleur de la réforme théorique proposée ne se laisse pas appréhender tant que l'on n'a pas suivi ses implications dans ces trois domaines, avec le poids historique et conceptuel qui est le leur.

L'enjeu est aussi, ce faisant, de retrouver un sens de la philosophie qui ne soit plus un simple jeu formel avec des concepts, mais trouve son centre de gravité dans la pratique de méditations morales. Autrement dit, l'ordre des idées doit trouver à s'inscrire dans un ordre de la sensibilité.

Il s'agit bien de dégager des pistes de réflexion, de tester la viabilité et la fécondité du schème effectif-processuel.

L'on trouvera des références à des débats classiques et actuels, montrant comment ils pourraient être réactivés et réinvestis depuis la position nouvelle.

La réflexion prendra, au détriment parfois de la légèreté peut-être, la forme d'une rumination, présentera un aspect pour ainsi dire bovin, un animal dont Nietzsche avait bien relevé la vertu spécifiquement philosophique.

Les paragraphes (notamment dans les deux premières parties), ne se lient pas selon une déduction logique, ni selon une concaténation formelle rigide, mais doivent être lus plutôt comme des variations convergentes autour d'un thème.

Ils déploient une réflexion qui revient sans cesse sur ses présupposés et ses options rationnelles, les approfondissant et les mettant en résonance avec différents champs problématiques, enrichissant peu à peu les harmoniques, qui viennent appuyer en retour ces options, en montrant la fécondité théorique et pratique.

L'enjeu se laisse apercevoir de façon privilégiée dans la remise en cause d'une vision statique de la distinction théorie/pratique comme opposition de domaines juxtaposés.

Le lecteur est invité à considérer que le pratique se joue dans une connaissance adéquate du statut de vérité du théorique, rien de plus.

Théorique et pratique devraient être connus comme essentiellement solidaires, leur coappartenance désignant le statut exact de cette connaissance.

La pensée doit, ici comme ailleurs, prendre la mesure de l'immense responsabilité qui incombe à celui qui simplement vit et respire, qui parle, qui écrit, faisant bien et mal, jusqu'à ce qu'il se demande, horrifié, « qu'ai-je fait ? », « quel est ce poids qui m'oppresse ? », « pourquoi une telle question m'a-t-elle choisi ? ».

Je ne pourrai déposer celle-ci qu'elle ne soit allée au bout d'elle-même, que nous n'eussions traversé, de part en part, les apparences sans rive d'un rêve inachevé.

PREMIÈRE PARTIE

DE LA QUESTION DES MONDES POSSIBLES AUX PRÉSUPPOSITIONS DE LA MÉTA-ÉTHIQUE

LA QUESTION DES MONDES POSSIBLES

LA QUESTION MODALE
DANS UNE PERSPECTIVE ONTOLOGIQUE
Les mondes possibles

Avec un peu de curiosité, vous pourriez vous demander si ce livre que vous commencez aurait pu ne pas exister.

De même, l'on pourrait s'interroger sur l'existence de l'auteur, et même sur la vôtre, à vous, qui le lisez.

Est-il « possible » que ce livre, vous ou moi, n'eussions jamais existé ?

Si cela est possible, cela pourrait vouloir dire qu'il existe d'autres mondes, distincts du nôtre, où, effectivement, je n'existe pas.

Si j'existe dans certains mondes, et pas dans d'autres, mon existence sera contingente.

Si j'existe dans tous les mondes possibles, mon existence sera nécessaire.

Mais quel est le statut d'existence d'un moi seulement possible ? On dira qu'il existe dans au moins un monde possible.

Mais quel est le statut ontologique d'un monde possible par rapport au nôtre ?

Qu'est-ce que cela veut dire, pour un étant, d'être seulement possible, par rapport à notre monde ?

Après tout, ne serait-il pas plus plausible de dire que chaque étant est nécessaire, sa configuration seule étant contingente ?

Je suis peut-être, dans un autre monde, chêne centenaire, tortue marine, dans un autre, mais enfin, moi, mon existence serait nécessaire.

Cela ne fait que déplacer la question. Même si j'existe dans tous les mondes possibles, quel sera le statut de chacun de ces mondes ?

Vous avez librement ouvert ce livre. Était-il possible que vous ne l'eussiez pas fait ? Est-ce que cela aurait fait de vous une autre personne ? Et combien davantage pour les décisions de plus de conséquence.

Quel est le statut de ce moi qui aurait pu ne pas ouvrir ce livre ?

S'il existe dans un monde possible, celui-ci est-il symétrique au nôtre ? Existe-t-il au sens où le nôtre existe ?

À moins que le purement possible n'existe tout simplement pas, en aucun sens recevable du terme. Dans ce cas, notre monde seul existe, avec vous et moi, et les possibles devront être pensés comme des abstractions imaginatives, curieuses et intrigantes.

QUELQUES RÉPONSES POSSIBLES AU PROBLÈME

L'on peut, bien entendu, donner une réponse réaliste à la question du statut des mondes possibles[1].

Pour Leibniz[2], tous les mondes possibles se trouvent dans l'Entendement divin, Dieu choisissant le meilleur pour l'actualiser.

Chaque monde combine une structure nécessaire, régie par le principe de non-contradiction, et une dimension de contingence, répondant au principe du meilleur[3].

Notre monde a été actualisé parce qu'il était le plus parfait, le plus riche en déterminations, celui où le principe du meilleur (dans sa finalité) était le plus à l'œuvre.

Les mondes possibles « sont » en tant qu'essences, mais seul le nôtre est actuel. Il y a donc une asymétrie ontologique entre les mondes.

---

1 Voir, pour une présentation schématique et très accessible du problème, *Métaphysique contemporaine, propriétés, mondes possibles et personnes*, textes réunis par Emmanuelle Garcia et Frédéric Nef, Paris, Vrin, 2007.

2 Leibniz, *Essais de Théodicée, sur la bonté de Dieu, la liberté de l'homme et l'origine du mal*, Paris, Flammarion, 1999.

3 En réalité, Leibniz distingue une « nécessité absolue, logique, métaphysique, géométrique » et une « nécessité hypothétique et morale », « fondée sur la convenance », donc sur le « principe du meilleur » (*Essais de Théodicée*, p. 37). Les vérités éternelles, absolument nécessaires se distinguent des vérités positives, apprises par expérience, selon « des considérations de la convenance qui les ont fait choisir ». Mais la nécessité physique, celle qui fait l'ordre de la nature est « fondée sur » la nécessité morale. (*Idem*, p. 51).

Mais l'on peut aussi être réaliste et poser une symétrie entre les mondes possibles. Pour David Lewis[4], les mondes possibles existent au même titre que le nôtre. Tous sont indépendants causalement et spatio-temporellement. Mais chacun existe pour un spectateur en faisant partie, comme notre monde existe pour nous.

Lewis qualifie d'« Ersatzers » les non-réalistes qui identifient les possibilités à la représentation de ces possibilités.

Il y a donc des non-réalistes. En schématisant[5] (il s'agit ici d'un repérage conceptuel qui ne prétend aucunement à l'exhaustivité, seulement à donner sens à la question), l'on peut distinguer les actualistes naturalistes des actualistes non-naturalistes.

« Naturaliste » désigne ici quelqu'un qui admet uniquement l'existence des entités naturelles, c'est-à-dire celles qui sont prises dans le système spatio-temporel et causal qui est celui de notre monde.

Un « actualiste naturaliste » nie toute existence des mondes possibles (même au sens que leur accordait Leibniz). Mais il admet que certaines entités actuelles, prises dans notre monde spatio-temporel et causal, peuvent « représenter » de tels mondes.

Un « actualiste non-naturaliste » pourra accorder que ces mondes possibles, qui n'existent pas non plus pour lui, soient représentés par des entités qui ne font pas partie du monde physique (« notre » monde).

De telles entités pourraient être des « propositions objectives » (donc non pas des phrases, mais le sens de ces phrases, qui existe indépendamment de leur expression).

On pourra ainsi se trouver face à des « récits de mondes[6] », soit des « ensembles maximaux consistants de propositions », qui sont « actuels » et représentent des mondes qui n'existent pas.

Si, en retour, on se retrouve avec une théorie non-actualiste des mondes possibles, il sera difficile d'échapper à la postulation d'entités dénuées de rapport causal et spatio-temporel avec notre monde (comme c'était déjà le cas chez Lewis).

Pour éviter à la fois de se retrouver dans la position d'un réaliste (postulant ces entités sans rapport avec notre monde) et dans celle d'un

4 David K. Lewis, *On the Plurality of Worlds*, Oxford, Blackwell, 1986.

5 L'on se référera avec profit au livre de David M. Armstrong, *A Combinatorial Theory of Possibility*, Cambridge, Cambridge University Press, 1989.

6 « World-stories ». Voir R. Adams, "Theories of Actuality", *Nous*, 8, 1974.

Ersatzer (qui se contente de la représentation des possibles en niant leur existence), la solution d'Armstrong peut être intéressante.

Celui-ci offre une théorie naturaliste et combinatoire du possible. Les possibles sont pour lui des recombinaisons (qui n'existent pas) d'entités trouvées dans le monde actuel.

On peut également qualifier cette théorie de fictionnaliste, au sens où les mondes possibles n'existent pas, mais où il pourra être utile de parler d'eux (comme, en physique, d'un « gaz idéal », ou d'un « homo œconomicus » en économie).

LES PRÉSUPPOSÉS DES APPROCHES ONTOLOGIQUES DES MONDES POSSIBLES

La tradition a été puissamment déterminée par la position d'Aristote, créateur de la Logique, pour qui la structure ontologique des étants est nécessaire et finalisée[7].

Toute cette tradition, patiemment sédimentée, vient se décanter dans un passage de Wittgenstein, pris comme fil directeur récemment par Timothy Williamson dans un remarquable ouvrage sur la logique modale[8] :

> 2.022 – Il est évident que si différent que puisse être du monde réel un monde imaginé – il doit encore avoir *quelque chose* de commun – une forme – avec le monde réel.
> 2.023 – Or cette forme stable consiste en objets.
> (…)
> 2.0271 – L'objet est le stable, l'existant ; la configuration est le changeant, l'instable[9].

---

7 Soulignons qu'Aristote demeure l'un des rares philosophes à penser le hasard, ainsi que la contingence (*tuchè* et *automaton*) et à leur reconnaître une place dans l'économie de la nature. Voir *Physique*, traduction Pierre Pellegrin, Paris, Flammarion, 2000, livre II, chap. 4, 5 et 6. Voir aussi, sur les futurs contingents, *De l'interprétation*, publié, avec les *Catégories*, traduction Jean Tricot, Paris, Vrin, 2008.

8 Voir Timothy Williamson, *Modal Logic as Metaphysics*, Oxford, Oxford University Press, 2015, p. 1 et 2.

9 Wittgenstein, *Tractatus logico-philosophicus* suivi de *Investigations philosophiques*, traduction Pierre Klossowski, Paris, Gallimard, 1961, p. 32.

C'est le lieu d'indiquer que le présent essai ne se présente pas comme étant le point de vue d'un logicien. Il ne s'agit pas non plus d'une démarche épistémologique ou méthodologique, qui prescrirait aux sciences positives leur ordre de marche[10].

Il s'agit d'une tentative en vue d'introduire l'idée d'un tournant modal dans une perspective logique.

Pour cela, il nous faut expliciter les présupposés de l'approche ontologique de la modalité, à partir de la question des mondes possibles.

L'approche réaliste d'abord.

Chaque monde est pensé comme une cohérence rationnelle développée de façon conséquente, qui englobe tout ce qui est accessible selon cette cohérence dans une totalité close, où tout serait prédéterminé (au moins partiellement) de façon nécessaire, en soi (ontologiquement).

Ces mondes sont des totalités fermées. Notre monde est l'une de ces totalités.

Un monde déploie un pur enchaînement logique nécessaire, clos en une totalité concrète.

Chacun est une totalité déterminée exclusive des autres.

La structure fondamentale d'un monde est nécessaire. L'on entend souvent par nécessaire une vérité analytique ou tautologique.

Kripke a assoupli ce schéma en reconnaissant des vérités nécessaires *a posteriori* ou synthétiques[11].

Sur fond de cette nécessité, les théories des mondes possibles tentent d'assurer un fondement ontologique (des *truth-makers* ou « vérifacteurs ») pour les propositions portant sur les réalités seulement possibles.

Les vérifacteurs doivent assurer la vérité des propositions modales dans leur détermination spécifique.

Tout le discours ontologique tend à cette fin, quelle que soit son orientation spécifique : qu'il soit réaliste, naturaliste, actualiste, …

Le possible est pensé à partir de la détermination ontologique, comme postérieur à cette détermination.

Cela est vrai pour les démarches qui entendent « analyser » cette notion du possible (c'est le cas du réalisme des mondes possibles de

---

10 De bons travaux relatifs à une conception probabiliste des rationalités scientifiques sont déjà disponibles. Voir par exemple Patrick Suppes, *Logique du probable*, Paris, Flammarion, 1981 et, du même, *Probabilistic Metaphysics*, Oxford, Blackwell, 1984.

11 Saul Kripke, *Naming and Necessity*, Oxford, Blackwell, 1980.

Lewis : le possible est compris à partir de la multiplicité des mondes possibles, déterminés chacun de son côté).

Cela l'est également pour celles qui prennent la notion du possible pour primitive. Ainsi, parler de la « consistance » d'un ensemble, d'un monde, … implique de présupposer une notion du possible, dans le fait qu'il est possible que tous les membres de ce groupe, de ce monde, … soient « vrais » ensemble.

Le possible est alors présupposé comme une notion déterminée, comme une compatibilité déterminée de déterminations.

Dans cette optique (onto-logique), toute la possibilité d'une détermination vient nécessairement de déterminations antérieures. Elle est toute entière donnée dans ces conditions déterminées.

Le point de vue (onto)logique implique la primauté de la détermination sur le possible.

Toutes les théories logiques portant sur les mondes possibles, qu'elles soient réalistes, naturalistes, actualistes, …, sont des variations sur ce point de vue ontologique : la détermination précède le possible. Chaque étant est possible car il est prédéterminé en soi en tant que possible. Sa possibilité est suspendue à une telle détermination.

Ce point de vue est entièrement conséquent. Alors pourquoi un tournant modal ?

PENSER LA CRISE DE LA DÉTERMINATION

Les mondes possibles de Leibniz préservaient la liberté des acteurs.

Notre monde est celui dans lequel César choisit librement de franchir le Rubicon. Il est en réalité celui dans lequel il est nécessaire que César franchisse librement le Rubicon. S'il le franchit sous la contrainte, il s'agit alors d'un autre monde[12].

Cette liberté est introduite à partir de la pluralité des mondes possibles. Chacun ouvre un enchaînement nécessaire à chaque fois. Les décisions sont prédéterminées, dans chaque monde, de façon exhaustive.

---

12 C'est cela que le Grand Arnauld n'a pas compris, de même que tous ceux qui accusent Leibniz de ruiner la liberté humaine. Voir *Discours de métaphysique et Correspondance avec Arnauld*, Paris, Vrin, 2016.

Depuis lors a pris place en philosophie un changement considérable, introduit sous l'effort conjugué, bien qu'indépendant, de Nietzsche et de Marx (qui avait été, soulignons-le, préparé de façon décisive par la pensée kantienne, pour qui l'entendement humain ne connaît pas la « chose en soi », mais seulement ce qui lui est accessible sous la contrainte de sa finitude transcendantale).

Ce changement fait qu'on ne peut plus parler simplement d'un ordre nécessaire que l'on connaîtrait, pour ainsi dire, du point de vue de Dieu. Chaque volonté, après Nietzsche et Marx, doit être vue ou, plus précisément, ne peut plus apparaître que comme finie et, si elle produit un ordre rationnel nécessaire, ce ne sera qu'*en vue de* l'instrumentaliser pour servir une condition (identité ou intérêt) qu'elle tient pour nécessaire.

Après cela, toute « théorie » ne peut plus apparaître que comme une logique déployée par une volonté pour servir une condition qu'elle affirme comme nécessaire.

La nécessité de la condition est celle de la volonté qui la pose.

Cela ne veut pas dire qu'une cohérence nécessaire ne soit en jeu entre les conditions tenues respectivement pour nécessaires par les acteurs.

Mais cette cohérence est indifférente au « meilleur ».

Le schème de la Main Invisible, qui pourrait tendre à accréditer la subsistance d'un tel lien avec le « meilleur » ne peut en réalité intéresser l'universel.

En effet, il a égard aux seuls intérêts (en excluant les identités) et, en réalité, au seul intérêt pour le gain (par opposition aux intérêts altruistes ou de connaissance).

Le principe du « meilleur » ne peut plus être vu simplement comme impliqué dans la Volonté active et objective du Créateur (dont on pourrait lire les décrets une fois pour toutes). Il sera tout au plus mis en œuvre, comme schème interprétatif, à partir de « cette » volonté finie qui cherche à « justifier Dieu[13] ».

Toute détermination ontologique est donc détermination d'une volonté qui s'affirme comme nécessaire à l'exclusion des autres volontés.

Les déterminations deviennent donc inévitablement biaisées (affirmant une volonté nécessaire à l'exclusion des autres), et toute maximisation (comme toute optimisation) ne pourra être qu'unilatérale, tributaire d'un plan rationnel homogène partial.

---

13 Le titre de l'ouvrage de Leibniz, *Essais de Théodicée, …*

À partir de là, il faut comprendre que toute démonstration comme toute réfutation se meut toujours déjà d'emblée dans le champ discursif balisé par ce moment ouvert par Nietzsche[14] et Marx.

Toute démonstration, toute réfutation, appuie ou écarte une condition posée par une volonté, donc elle pose ou lève, par-delà la nécessité de cette détermination, celle de cette volonté elle-même.

Le champ théorique devient celui de la lutte de volontés, partielles et partiales, car chacune attachée à une condition (identité ou intérêt) qu'elle pose comme nécessaire.

La nécessité des déterminations ontologiques sera donc liée à celle des identités et des intérêts que se donne à chaque fois la volonté, et que la théorie vise à affirmer et à satisfaire contre les autres volontés (avec chacune sa condition nécessaire).

Poser des conditions nécessaires dans l'extériorité les unes par rapport aux autres amène le développement d'un monde, conforme à la cohérence du rapport des volontés. Mais ce monde ne peut être lui-même thématisé qu'à partir d'une volonté qui sera elle-même partiale, et ainsi de suite.

Dans ce contexte, l'antériorité de la détermination sur le possible devient problématique.

En effet, le problème vient de la présupposition de la nécessité d'une détermination partiale (celle d'une volonté finie).

Le possible sera à chaque fois ouvert par une telle détermination partiale. Cela est lié à un perspectivisme qui a puissamment influencé les sciences sociales, comme le remarque Hannah Arendt[15].

Si l'on est dans l'impossibilité de penser une antériorité du possible sur les déterminations, l'on sera contraint de recenser les interactions extérieures de cohérences logiques efficaces, instrumentalisées par les volontés actives dans une situation donnée.

Tentons d'abord de penser, de façon intuitive, ce que pourrait être une réponse à cette crise de la détermination.

---

14 Nietzsche ne disait-il pas « Qu'ai-je à faire de réfutations ? », *La généalogie de la Morale*, éditée avec *Par-delà bien et mal*, *Œuvres philosophiques complètes*, tome, VII, Paris, Gallimard, 1971, p. 218. Il fut en cela compris et relayé par Heidegger, *Nietzsche*, tome 2, Paris, Gallimard, 1971.

15 Hannah Arendt, *Qu'est-ce-que la politique ?*, Paris, Seuil, Essais, 2014, p. 136-149 et 158-164. Elle lie l'introduction de ce perspectivisme à Marx.

PORTÉE D'UN TOURNANT MODAL

LE TOURNANT MODAL COMME RÉPONSE À LA CRISE DE LA DÉTERMINATION

Ne plus considérer le possible comme une « notion » qui serait soit primitive, soit analysable, cela est impliqué dans la compréhension de ce que chaque détermination a été rendue possible, non seulement par un certain nombre de déterminations antérieures, mais également par ce que j'appelle un « élément » de possible (au sens d'un « milieu ») qui traverse la situation où le penseur est impliqué.

La tâche principale du penseur sera de s'ouvrir à ce possible actif à chaque fois, en contexte.

Cela implique un déplacement du centre d'intérêt. Celui-ci ne se portera plus tant sur les déterminations ontologiques de tel ou tel étant, mais principalement sur les identités et les intérêts (les conditions), donc les mobiles efficaces qui guident les acteurs en contexte.

Il s'agira de connaître « tous » les mobiles actifs comme contingents, donc leur détermination comme postérieure par rapport au possible. Il y a « plus » dans le possible que dans la détermination arrêtée.

Cette connaissance libérera un potentiel efficace (une fluence du possible) dans laquelle toutes les conditions pourront être assumées, chacune à sa place.

Du point de vue ontologique, un monde est ce qui s'articule de façon nécessaire, dans l'extériorité, des différentes stratégies efficaces, affirmant chacune sa perspective, selon que les volontés tiennent telle ou telle identité, tel ou tel intérêt pour nécessaire. La détermination tenue pour nécessaire contient toute la possibilité des déterminations ultérieures.

Au contraire, l'on peut connaître chaque condition posée comme « ayant pu » être autrement, *pour les acteurs eux-mêmes*, donc chaque

« attachement » d'une volonté à une condition comme non-nécessaire, comme « contingent ».

Une telle antériorité du possible sur les déterminations implique une relativisation des mondes possibles si on les tient pour des « totalités » logiquement closes. Leur détermination, avec sa clôture, devra, elle ne pourra pas ne pas être remise en cause, à chaque fois, dans chaque décision morale, à partir de l'élément du possible auquel cette décision donne accès.

Loin que notre monde soit avec évidence le seul actuel, avec son développement logique prévisible, une décision morale, ouvrant un processus de possible où seront « intégrées » les conditions pertinentes, pourra nous faire basculer vers un monde « meilleur », où seront reconnues et satisfaites les conditions des acteurs selon un spectre plus large, voire, dans « le meilleur » des mondes, selon le spectre le plus large des identités et des intérêts.

UNE CARACTÉRISATION DU TOURNANT MODAL : L'APPROCHE PROCESSUELLE DU POSSIBLE CONTRE L'ONTOLOGIE

Antériorité du possible sur la détermination

Le tournant modal est solidaire d'un désinvestissement ontologique.

L'on n'aurait plus besoin de dire que plusieurs mondes « existent », indépendamment les uns des autres (quel que soit le statut qu'on leur accorde).

En réalité, il deviendrait problématique d'affirmer l'existence d « un » monde comme une totalité nécessairement structurée, qui serait le nôtre.

Cela resterait vrai même si l'on accordait de façon complémentaire une place à la contingence.

En effet, on pense couramment que se donner un « autre » monde, seulement possible, comme une totalité nécessairement structurée, revient à le penser « sur le modèle » du nôtre, qui serait lui-même ainsi déterminé de façon non problématique.

Mais peut-être serait-il plus juste de dire que ce monde, le « nôtre », n'est une telle totalité qu'« en tant que » pensé sur le modèle d'un monde seulement possible, donc « abstrait » : un monde rigoureusement pensé, mais seulement pensé, et seulement « possible » (dans sa cohérence supposée).

Notre monde, déterminé comme une totalité close, serait alors le décalque d'un monde pensé.

Une telle idée ne peut se garder de l'arbitraire, et d'une déréalisation du monde, que sur le fond d'une pensée renouvelée du possible.

Le possible n'est plus une notion primitive, pas plus qu'une notion à analyser.

Il est un « élément » toujours déjà à l'œuvre dans la situation qui est la nôtre.

Cela implique une antériorité du possible sur la détermination, donc de lever la puissante inertie d'un questionnement ontologique.

L'accent ne portera plus sur une cohérence logique qui déploierait l'ordre d'un monde en soi déterminé de façon nécessaire (même si on laisse une place à la contingence). Il sera mis désormais sur un processus intégré de possible, où les conditions seront « assumées ».

Non pas donc la cohérence déterminée d'« un » monde spécifique, et exclusif des autres ; mais un rapport au possible comme élément, qui libère un processus viable (ce sera là la marque d'une assomption des conditions).

Seulement lorsque cette viabilité est perdue, les conditions donnent des enchaînements logiques nécessaires. Un monde déterminé, repérable et distinct, comme totalité, se ferme alors dans un oubli du possible.

Comme cela a été évoqué, il devient possible, à partir du tournant modal, de penser le « meilleur » des mondes comme celui où le spectre le plus large de mobiles est reconnu et satisfait. La reconnaissance de chacun est indispensable pour qu'un processus soit viable ; mais la satisfaction de ces mobiles dépendra de leur pondération exacte, en contexte.

Un processus viable (intégré) est libéré quand toutes les identités, tous les intérêts pertinents, sont connus comme contingents. Le statut des conditions non pertinentes n'a pas à être connu, ni discuté, puisqu'elles ne seront pas « subies » par les acteurs, même si elles sont dites nécessaires.

Il ne s'agit pas de nier la « nécessité » des déterminations, mais de dire que cette nécessité n'a rien de nécessaire.

Elle est nécessaire « à partir de » la décision de mener une enquête selon les principes d'une ontologie, et donc de ne jamais discuter l'attachement (nécessaire) d'une volonté à une condition.

Comme Hegel le disait à propos des mathématiques (ce passage qui fut si mal compris)[1], les mathématiques ne sont pas « nécessaires » au sens où la dialectique l'est. Il voulait dire par là qu'une démonstration mathématique est nécessaire « dans la mesure seulement » où un enchaînement d'équivalences formelles mène à un résultat défini à l'avance (qui est précisément l'énoncé que l'on cherchait à « prouver »). Il s'agit d'une nécessité « liée » à la volonté qui conduit la démonstration, et « rétrospective »). Cette nécessité n'est pas nécessaire[2].

Connaître les conditions pertinentes comme contingentes, donc accepter une antériorité du possible sur les déterminations, revient à désamorcer le questionnement ontologique, qui nous aurait amenés à nous situer dans « un » monde totalement déterminé (d'une nécessité toujours déjà donnée, pré-déterminée), le monde « actuel », offrant une forme biaisée, partiale (celle d'une nécessité subjectivement déterminée). Cette partialité volitive est prise dans une différenciation et un développement accéléré de logiques efficaces[3].

Un tel développement nous oblige à considérer, non plus le paradigme classique de la causalité, mais un enchaînement où de petites causes peuvent avoir de très grands effets, comme l'épistémologie nous y invite de son côté également[4]. Déplacer l'attention vers les mobiles efficaces pourra faire partie de cette stratégie de relativisation de la causalité classique.

Ainsi, si une théorie de la pluralité des mondes avait pu être gagnée contre un certain sens commun, et un attachement naïf aux phénomènes, aux faits, à l'obvie, l'idée d'un processus intégré de possible doit, de son côté, être gagnée contre les déterminations nécessaires (le cadre logique nécessaire des volontés partiales).

1 Hegel, *Phénoménologie de l'Esprit*, Paris, Aubier, Préface, pp. XLVIII *sqq.* (de l'édition allemande de référence).

2 Cela rejoint, d'une certaine façon, le conventionnalisme de Poincaré, dans *La science et l'hypothèse*, Paris, Champs Flammarion, 1968.

3 Voir la Partie II, ci-après.

4 Voir Prigogine et Stengers, *La Nouvelle Alliance*, Paris, Gallimard, Folio Essais, 1986.

UNE LIBERTÉ CONTINGENTE

Le tournant modal implique d'associer la liberté, non plus à la nécessité, comme cela a souvent été le cas dans la tradition[5], mais à la contingence.

Une connaissance de toutes les conditions actives comme contingentes pourra, libérant un processus intégré de possible, nous faire basculer, tous ensemble, vers un autre monde que celui qui aurait été prévisible, auparavant, comme continuation plausible du nôtre, s'il avait été laissé à son enchaînement nécessaire, et nous faire basculer, potentiellement, vers un monde « meilleur ».

Cette connaissance sera un accomplissement moral. Recherchant un tel accomplissement, chacun pourra *devenir providence* pour son prochain, cela même si l'on ne peut plus présupposer, aujourd'hui, l'action d'une Providence toute-puissante.

Il faudra prendre comme exemple d'une telle réalisation Socrate, Mandela ou Gandhi, non plus, comme Leibniz, les grands conquérants (Alexandre, César). Ces derniers, en effet, posent une détermination dans l'extériorité, qui est reprise dans le déroulement logique nécessaire d'un monde déterminé.

Une décision morale pour la contingence diffère de l'approche ontologique, qui s'en donne un concept. Une connaissance de toutes les conditions comme « ayant pu » être autres, dans « ce » monde, défait la conception de « ce » monde comme totalité close prédéterminée.

Et, de fait, si l'on se donne une série de tels mondes prédéterminés, un rapport entre ces mondes pourra être établi depuis le possible (qui traverse « cette » situation, précisément, où nous sommes), nous autorisant à basculer vers un autre monde, meilleur, à partir d'une décision morale.

Une telle décision, liée à la connaissance de la contingence des conditions, consiste en un détachement parfait, qui n'est pas indifférence, mais permet une pondération équitable de tous les mobiles impliqués.

Une singularité morale sera ce point où toutes les forces s'annulent.

---

5 Des Stoïciens à Spinoza, la liberté est connaissance de la nécessité.

LE DÉ DE MALLARMÉ

« Un coup de dés jamais n'abolira le hasard[6] ».

Seulement les dés, dans la vie, sont doués de sensibilité et de raison.

Toute ontologie est dépendante d'une volonté finie et définie.

La forme du dé est donnée par la volonté d'arriver à tel ou tel résultat.

Le lancer a une longue histoire, une longue suite de lancers : comment pourrait-il y avoir équiprobabilité nécessaire des résultats ?

Les différentes conditions pertinentes sont les diverses faces du dé.

Si c'est un cube, après de nombreux lancers, il n'y aura pas d'injustice systématique. Il y aura équilibre, compensation.

Mais s'il n'y a qu'un seul lancer, et la vie d'un homme est unique, l'arbitraire, l'aberration semblent irrémédiables.

Aucun résultat n'est nécessairement nécessaire.

L'ontologie (la structure du dé) est subordonnée au but (résultat) poursuivi par la volonté. Ce résultat sera nécessaire (rétrospectivement) quand il confirme l'attente.

Ces quelques mots suffisent à mettre en évidence l'intérêt et l'originalité d'une caractérisation de l'être comme détermination ontologique, qui permet de formuler, et donc de rendre accessibles à l'investigation, les enjeux d'un renversement de la priorité entre la détermination et le possible.

Ce renversement ouvre la pensée d'un processus où les déterminations ne sont pas niées, mais connues comme contingentes, cette connaissance libérant un processus éthique dans le possible.

Il permet ainsi de ne pas oublier que les dés, rationnels et sensibles, ont néanmoins une structure.

---

6 Mallarmé, *Igitur, Divagations, Un coup de dés*, Paris, Gallimard, 2003, p. 417 *sqq.*

DE LA QUESTION DES MONDES POSSIBLES À CELLE DES PRÉSUPPOSÉS DE LA MÉTA-ÉTHIQUE

La considération préliminaire de la question des mondes possibles va me permettre de caractériser de façon essentielle les présupposés d'une approche méta-éthique de la morale et de l'éthique[7].

David Hume, et la façon dont il a été reçu, ont puissamment influencé la réflexion morale dans les pays de langue anglaise notamment. Il a joué un rôle crucial dans l'émergence d'une pensée méta-éthique[8].

On considère souvent comme un acquis de la pensée humienne, par rapport à laquelle les successeurs vont se positionner, la thèse[9] selon laquelle une connaissance empirique relative à l'état du monde ne peut, à elle seule, autoriser une conclusion relative à ce qui devrait être.

Cette thèse présuppose (et vient accréditer en retour) la distinction essentielle entre les « faits » (susceptibles d'être vrais ou faux) et les « valeurs » (passibles d'être bonnes ou mauvaises).

Et, relativement aux valeurs, l'on se retrouvera face à une distinction entre une « morale substantielle » (le contenu de tel ou tel jugement de valeur), et une dimension « méta-éthique » (qui s'interroge sur les conditions de validité des jugements substantiels de valeur).

La validité des jugements moraux est donc assurée, dans cette optique, par un discours et un questionnement qui n'est pas lui-même de nature morale[10], mais porte sur des réalités métaphysiques objectives.

---

7 Dans les traditions anglo-saxonnes, où a fleuri la méta-éthique, les auteurs traitent souvent les termes « éthique » et « morale » comme interchangeables. Dans le contexte du présent livre, « éthique » renverra à un rapport de reconnaissance mutuelle et de liberté partagée, en situation, alors que « morale » évoquera des règles, valeurs ou normes énonçables. Une telle distinction pourra se révéler parfois beaucoup moins tranchée, notamment lorsqu'elle sera considérée depuis la position d'une singularité morale.

8 Voir le volume *Métaéthique, Connaissance morale, scepticismes et réalismes*, Paris, Vrin, textes réunis par A. C. Zielinska, 2013.

9 David Hume, *Traité de la nature humaine*, Livre III, La morale, Paris, Flammarion, 1999.

10 L'on se rapportera avec profit aux analyses de Ronald Dworkin, dans *Justice pour les hérissons, La vérité des valeurs*, trad. John E. Jackson, Paris, Labor et Fides, 2015. Celui-ci critique l'approche méta-éthique pour établir sa thèse d'une autonomie de la sphère morale, basée sur une vision interprétative du jugement moral, valable en tant qu'il exprime une prise de responsabilité en contexte.

LES PRÉSUPPOSÉS DE LA MÉTAÉTHIQUE

LE JUGEMENT MORAL, ENTRE OBJECTIVITÉ ET ÉMOTIVISME

Certains philosophes ont été amenés, assez curieusement, pour assurer l'objectivité des jugements moraux, à postuler des entités « à moitié morales » et « à moitié objectives ».

Ces entités en quelque sorte « naturelles » ou « physiques », voire « métaphysiques » en partie seraient nécessaires pour faire échapper la morale à la subjectivité du sentiment ou de l'émotion, donc au statut d'un état d'esprit qui ne peut rendre raison de lui-même.

La morale tomberait donc soit dans l'objectivité, soit dans la subjectivité.

Les valeurs devraient se voir assurer l'objectivité de « choses » à quoi l'on se rapporterait, sous peine de se voir réduites à l'expression d'états d'esprit purement subjectifs ou psychologiques, à celle d'engagements affectifs, qui ne reposent pas sur une raison ou un argument.

Il y aurait donc une dichotomie irréductible entre le monde externe (objectif, connaissable), et notre esprit (dans sa dimension psychologique, émotive).

Ce dualisme est lui-même dérivé du postulat ontologique, auquel il est soumis : celui d'une antériorité de la détermination sur le possible, tel qu'il a été repéré à partir des théories des mondes possibles.

LES VALEURS COMME DÉTERMINATIONS

Les valeurs, subjectives ou objectives, doivent avant tout être vues comme des « déterminations ». Elles valent pour les volontés qui les posent, entrent dans des cohérences qui valent elles aussi par des décisions volitives, et dessinent des logiques à même de servir ces volontés, leur permettant de s'affirmer comme forces.

Les valeurs sont donc des déterminations parmi les déterminations, au même titre que les concepts d'objets, et, à ce titre, elles peuvent être à tel moment objectives, à tel autre subjectives, à tel moment rencontrées, à tel autre posées.

Et l'éthique exige que ces déterminations ne soient pas arbitrairement « autonomisées », « abstraites », « isolées », donc rendues invisibles, à partir de telle ou telle condition (identité ou intérêt) et soustraites à la discussion éthique, mais au contraire réinscrites dans un « processus » de possible, où elles seront assumées.

VERS UNE REMISE EN QUESTION DE NOTRE RAPPORT SPONTANÉ À L'OBJECTIVITÉ À PARTIR DE LA THÉORIE ÉTHIQUE

Cette pensée des déterminations entraîne en retour une redéfinition de notre rapport à l'objectivité.

Nous ne pouvons plus penser confortablement le monde qui nous entoure, en tant qu'il serait révélé « en lui-même » à partir du discours des différentes sciences, répondant à chaque fois à des critères, arguments et raisons posés et explicités par chaque science pour elle-même.

L'éthique exige de repenser en profondeur le « statut » des discours scientifiques. Elle demande que celui-ci soit « connu » dans sa contingence essentielle. Et non plus comme « livrant » discursivement le réel « comme tel », dans une adéquation externe entre ces discours et une réalité qui serait donnée « là-dehors ».

Les discours scientifiques entrent, nous le savons aujourd'hui, dans des corrélations et des redéfinitions réciproques « infinies » et en accélération constante.

C'est cela que dit la contingence, cette prolifération et cette différenciation accélérée et incontrôlable.

« Connaître » les discours scientifiques comme contingents en ce sens, c'est accéder à leur statut de savoir, c'est accéder à un savoir adéquat des savoirs scientifiques « dans » leur scientificité.

Limiter le vrai et le faux à l'adéquation des discours des sciences à des faits d'expérience répétables et constatable appauvrit notre concept de vérité[1].

Mais il faut aller plus loin et dire qu'il y a une vérité « de » la vérité ainsi comprise, une vérité « sur » la vérité. Et cette vérité se livre comme connaissance du statut de ces vérités comme contingentes, donc dans un « rapport » essentiel adéquat du penseur aux sciences dans leur vérité.

La vérité de la vérité des sciences exprime un rapport vécu adéquat aux discours de vérité.

Ceux-ci se révèlent comme de part en part contingents (ou, plus exactement : leur nécessité n'est pas nécessaire).

Or, cette connaissance sur la vérité des sciences, cette connaissance, cette « épreuve » de leur contingence, comme relation « correcte » à leur vérité, est essentiellement « éthique ».

Elle est connaissance de ce que les affirmations des sciences « sont » *de facto* toujours instrumentalisables en vue de l'affirmation volitive de telle ou telle détermination « posée » comme « nécessaire ».

Considérer *in abstracto* telle ou telle « affirmation » scientifique comme « nécessaire » « en elle-même » ne peut que conduire à ignorer cette instrumentalisation possible.

Ces affirmations sont bien sûr nécessaires dans leur expression. Mais leur nécessité n'est pas elle-même nécessaire. Et la voir comme telle conduit à occulter ce qui fait problème dans le moment décisif incarné par Nietzsche et Marx.

---

1 Cela transparaît déjà à partir des textes repris dans *De Vienne à Cambridge*, Pierre Jacob (collectif sous la direction de), Paris, Gallimard, 1980.

L'ÉTHIQUE N'EST PAS ESSENTIELLEMENT SUBJECTIVE

L'éthique ne peut être réduite à l'expression de sentiments ou d'émotions, ou d'engagements dont nous ne pourrions rendre raison.

Cela est le cas puisqu'elle traduit simplement notre « connaissance » du « statut » des discours de vérité, donc un rapport vécu adéquat à leur vérité.

Ces discours sont connus comme contingents, ils se livrent « comme » contingents, et dans cette contingence essentielle, « sans » la sécurité d'une adéquation, d'un fondement, d'une sup-position essentielle ou d'une pré-détermination où ils se précéderaient eux-mêmes.

Il faut s'écarter d'une préconception objective de la « vérité » qu'offrent supposément les discours scientifiques « tels qu'ils se présentent de prime abord et sans examen ».

Le « vrai » et le « faux » demandent à être connus et éprouvés « à partir de » notre relation essentielle aux discours de vérité, où ceux-ci se révèlent « essentiellement » contingents.

Connaître n'est ni « exprimer » ni « décrire », mais adopter le rapport « juste » aux savoirs, aux discours de vérité.

Cette vérité sur la vérité ne « nie » bien sûr aucunement la vérité, ni sa nécessité opératoire.

Elle la révèle « dépendante » de la *contingence* d'un langage, d'un contexte d'exploration, de l'époque qui est celle du savant, et de la contingence du rapport de ces trois contingences.

L'enjeu est de cesser de « supposer » le « monde extérieur » « donné » « comme tel », à partir du postulat ontologique, pour commencer à éclaircir la possibilité d'un rapport adéquat au monde (d'une connaissance du monde, qui ne peut être délivrée que « dans » et « par » les discours des sciences), à partir du possible qui le traverse, « exactement » là où nous nous trouvons.

Ce rapport permettra une « décision » à même de faire basculer les cohérences d'une « histoire » prévisible vers un monde « meilleur » que celui qu'on aurait pu prévoir.

DU POINT DE VUE ÉTHIQUE, SAVOIR N'EST NI DÉCRIRE, NI EXPRIMER

Nous ne pouvons ni nous en tenir à des valeurs objectives (« là-dehors »), ni à des sentiments irrationnels. L'éthique ne tient ni en des descriptions, ni en des expressions. Elle ne pose ni des faits « bruts », ni des valeurs transcendantes.

Elle consiste plutôt à remettre « toutes » les déterminations à la viabilité d'un processus dans le possible, en les connaissant dans leur contingence.

Le « bien » n'est pas objectif, quelque part, dehors. Il n'exprime pas simplement ma sensibilité devant la souffrance des autres.

Il dépend entièrement du rapport qui est le « mien » aux discours scientifiques, aux discours de vérité, puisque ce sont eux, tels qu'ils sont instrumentalisés par des volontés au profit de leurs déterminations nécessaires partiales qui produisent des conséquences systématiques dans le monde social partagé et causent un cumul du négatif vécu (ruine, frustration, échec) toujours sur les mêmes groupes humains.

Il ne s'agit plus, pour le philosophe, d'assurer la « vérifiabilité » des propositions éthiques, mais de vérifier « à chaque fois », « en contexte », qu'il adopte un rapport vécu adéquat aux discours de vérité, c'est-à-dire un rapport qui découle de la connaissance de leur contingence. C'est ce rapport vécu et incarné à chaque fois par le philosophe qui doit être retrouvé et « vérifié » en contexte.

Seule cette connaissance est à même de désamorcer l'instrumentalisation des logiques efficaces au profit d'une détermination subjective posée comme nécessaire par une volonté indiscutée.

Il ne s'agit plus de faire qu'un énoncé ait un correspondant dans l'expérience sensible, mais de s'assurer que cette expérience traduise toujours un rapport adéquat du penseur à la vérité elle-même.

Les jugements moraux, si l'on nous suit jusque-là, n'expriment plus des connaissances (objectives), mais une connaissance du statut des connaissances objectives.

DISSOCIER LA MORALE[1] DE LA QUESTION DE L'ÊTRE

LA QUESTION MORALE CESSE D'ÊTRE CONSIDÉRÉE DANS L'ORBITE DE LA QUESTION DE L'ÊTRE

Le questionnement moral, tel qu'il s'est développé jusqu'à nous, en Occident, a été essentiellement lié au problème de l'être.

Les « réalistes » ont pu considérer que le « bien » existe de façon objective, indépendamment des esprits qui pourraient s'y rapporter et en prendre connaissance (prolongeant ainsi le geste platonicien).

Les premiers Utilitaristes ont relié le bien à la tendance humaine naturelle à poursuivre le plaisir et fuir la souffrance.

Pour d'autres, le bien aurait une existence « non-naturelle » au sens où les entités morales, bien qu'existantes, ne sont pas dans la nature (par exemple pour Moore).

Les « anti-réalistes », quant à eux, ont pu considérer soit qu'il n'existe pas d'entités ou de propriétés morales, soit que celles-ci sont essentiellement « dépendantes » de l'esprit humain, et de la façon dont les hommes se rapportent subjectivement à elles[2].

La question de l'être demeure, selon toutes ces orientations, le pivot de la pensée morale. Penser la morale implique de s'interroger sur l'être du bien moral, ou celui des valeurs, des règles et des normes, sur leur aspect formel ou leur contenu substantiel.

---

1 Dans le contexte de cette Première Partie, je ne fais pas de différence entre « éthique » et « morale » c'est-à-dire que je les considère depuis le point de vue d'une singularité morale.

2 Face à l'inflation déraisonnable des termes en « -isme » et des étiquettes dans la philosophie morale contemporaine, je m'en tiendrai à cette classification très simple, qui suffit à montrer, de façon très générale, la dépendance historique de la morale par rapport à la question de l'être.

Axer la réflexion morale, non plus autour de la question de l'être (donc autour du postulat ontologique), mais autour de la question du « possible », et mettre au centre la viabilité du possible au sein des situations concrètes, tel est le « tournant modal » qui est décliné dans ces trois essais.

LA FIN DE LA DICHOTOMIE « FAITS »/« VALEURS » ENTÉRINÉE

La fin de la dichotomie « faits » / « valeurs[3] », ainsi que celle d'une distinction tranchée entre la raison et les émotions[4], peuvent converger avec une considération large des « déterminations » (objectives comme subjectives) en tant qu'elle est impliquée dans le postulat ontologique et son inversion.

Une prise de conscience du pouvoir de ce postulat (à plus forte raison lorsqu'il passe inaperçu) est requise pour opérer son renversement, et réaliser ainsi une antériorité du possible sur les déterminations.

Cela va dans le sens d'un élargissement et d'un approfondissement de la problématique morale vers la question d'un rapport vécu aux discours de vérité. La morale, ainsi, cesse d'être une « région », une « province » des discours de vérité ; elle cesse également d'être niée en tant que vérité.

L'éthique prend la forme de la question explicite du « statut » des discours de vérité, connus dans leur contingence. L'« éthique » est cette connaissance, et la « morale » tient dans les règles, normes et valeurs ainsi connues et relativisées. En ce sens, mais seulement une fois que cette position est acquise, et un rapport adéquat aux discours de vérité « réalisé » par le penseur dans sa vie, la distinction entre « éthique » et « morale » devient nominale.

---

3 Voir Hilary Putnam, *Fait/Valeur, la fin d'un dogme, et autres essais*, trad. M. Caveribère et J.-P. Cometti, Combas, Éditions de l'Eclat, 2004.

4 Voir Antonio Damasio, *L'erreur de Descartes : La raison des émotions*, Paris, Odile Jacob, 1995.

POUR UN REFUS
D'UNE NATURALISATION DE L'ÉTHIQUE

De même, une naturalisation de l'éthique[5], en un sens qui voudrait que les normes tiennent leur validité de ce qu'elles permettent une structuration « durable » ou « efficace » des « sociétés » humaines, et la « propagation » optimale des gènes des acteurs concernés, tout cela devient hors sujet, puisque le questionnement reste alors prisonnier d'une compréhension « naïve » des discours objectifs/factuels, qui ne peut que masquer la possibilité d'adopter un rapport adéquat à leur égard.

Ces discours sont tenus pour valides en eux-mêmes, et l'on ne peut plus dès lors accéder au « rapport » vécu du penseur aux discours de vérité comme « question » et comme « opportunité » pour la morale, comme « chance » pour le penseur d'adopter un rapport adéquat à ces discours à partir d'une connaissance de leur contingence.

La connaissance de la contingence des discours de vérité décide de la moralité du penseur. En même temps, chaque discours « tient » toujours « en tant » qu'il est lu et pensé par quelqu'un, donc il se révèle toujours appropriable, il peut toujours être connu adéquatement dans son statut de vérité.

Si ce discours n'est pas lu ou pensé, il n'est rien. Mais dès lors qu'il est lu ou pensé s'ouvre la possibilité pour le penseur de le connaître adéquatement dans son statut. Dès lors s'ouvre la possibilité d'une connaissance de ce discours dans sa contingence, qui désamorce la position de déterminations subjectives nécessaires à partir d'une inversion du postulat ontologique.

---

5 Jean-Pierre Changeux (dir.), *Fondements naturels de l'éthique*, Paris, Odile Jacob, 1993.

RÉCAPITULATION ET TRANSITION

La méta-éthique introduit à sa base une entente dogmatique des conditions de validité des rationalités morales. Elle pose cette entente dans l'orbite d'une réflexion ontologique qui devient l'horizon indépassable de la morale.

Les conditions de validité des discours moraux sont déclinées selon un large spectre, depuis les ententes objectivistes des jugements de valeur jusqu'aux interprétations prescriptivistes (Richard Hare), émotivistes (Alfred Jules Ayer) ou autres.

Ce spectre dessine, de l'objectif au subjectif, les positions accessibles depuis la position indiscutée du postulat ontologique.

S'il y a antériorité de la détermination sur le possible, ce spectre épuise les conceptions accessibles de la morale et de l'éthique.

Inverser ce postulat ouvre de nouvelles possibilités pour la philosophie morale.

Si les règles, valeurs ou normes sont des « déterminations » au même titre que des motivations intéressées, égoïstes, altruistes, ou de pure connaissance, elles pourront être à tel moment objectives, à tel autre subjectives.

Cela n'intéresse pas le penseur. Pour celui-ci, l'éthique tient à libérer un processus éthique, une processualité dans la latence du possible, une continuité dans le possible qui traverse la situation, et l'ouvre vers sa propre perpétuation, l'empêchant de se fermer sur elle-même, et de dévier ainsi du possible qui l'innerve.

Ainsi, le penseur sera à même d'« assumer » la position qui est la sienne, de façon insubstituable.

Ce rapport au possible devient le centre de gravité de la pensée éthique, qui n'est plus séparable d'une « pratique » ou d'une « discipline » éthique, comme ce sera précisé dans la deuxième partie de ce volume.

Une telle pratique déplace les lignes de la théorie.

Plutôt que de décliner les modalités d'existence, les façons de se rapporter aux existants, les moyens de vérifier le contenu des propositions en se référant à des contenus de l'expérience, l'accent sera mis sur le rapport « correct » à adopter par rapport au possible qui est à l'œuvre, autour de nous et en nous.

C'est ce changement qui commande aussi les discussions consacrées à la question des mondes possibles.

Traditionnellement, les penseurs voulaient connaître dans leur statut d'existence des mondes spatio-temporellement et causalement clos sur eux-mêmes, demandant s'il en « existait » un ou plusieurs, selon quelle modalité, et dans quels rapports ils pouvaient éventuellement se trouver.

Conformément au postulat d'une antériorité de la détermination sur le possible, on nous invitait à penser les déterminations comme « objectives » ou « positives », entrant dans des mondes logiquement constitués « en eux-mêmes » (de façon ontologique), ou comme produits d'une pensée combinatoire qui « imagine » des entités virtuelles à partir d'éléments empruntés au monde actuel qui est le nôtre.

Qu'en sera-t-il si l'on inverse le postulat ontologique ?

Le penseur tentera de s'ouvrir au possible qui lui est accessible dans la situation qui est la sienne.

Il tentera de réaliser un « geste » éthique. L'éthique sera un geste, celui de rendre les déterminations effectives à un processus viable dans la latence du possible.

Ce geste témoigne de son vécu éthique, comme rapport adéquat aux discours de vérité, connus dans leur contingence.

L'exigence d'une transformation éthique du penseur rejoint celle d'une légitimation ou d'une validation de telle ou telle règle, valeur ou norme dans la situation qui est exactement la « nôtre » (où le penseur dit « je »).

Les conséquences de l'inversion du postulat ontologique sont donc perceptibles aussi bien depuis la thématique des mondes possibles que depuis celle de la méta-éthique et de ses présupposés épistémologiques essentiels.

Nous souhaitons dans ce qui suit suivre la piste d'une inversion du postulat ontologique dans une direction différente, épousant la pensée d'une pluralisation et d'une diversification accélérée des logiques efficaces, qui est la tendance de fond la plus préoccupante pour l'éthique, la morale et la justice, dans le monde qui est le nôtre.

DEUXIÈME PARTIE

DIFFÉRENCIATION LOGIQUE ET CONNAISSANCE MORALE

INTRODUCTION À LA DEUXIÈME PARTIE

S'il ne peut revenir qu'au lecteur de juger de la pertinence des réponses proposées, les problèmes soulevés ici sont aujourd'hui impliqués dans la possibilité d'une philosophie de la liberté, dont ils structurent la question, d'une façon qui ne peut être simplement ignorée.

Pour ce qui est de la forme inhabituelle proposée[1], je ne peux que prier le lecteur de me pardonner ce choix, qui ne tient aucunement à un goût immodéré et superficiel de nouveauté, mais se trouve imposé par la nature de la tâche entreprise (dont il témoigne de l'élaboration progressive). Cette forme exemplifie une pensée de ce qui a été, dans mes ouvrages précédents, trop obscurément appelé « retombée du drapé », cela même si une telle retombée est en réalité formellement intersubjective.

À partir d'une condition posée en amont, chaque pli, chaque décision conceptuelle, prenant position par rapport aux conditions antérieures, se trouvera impliquée dans une redéfinition d'ensemble du champ problématique, où les connaissances antérieures, et des débats importants qui pourraient sembler à première vue laissés de côté, se trouveront réactivés et intégrés.

La pensée de la liberté qui est ici proposée doit réaliser la liberté dans le mouvement même de cette pensée.

---

1 Cette phrase renvoie à la structuration qui avait présidé à l'élaboration de cette Partie 2, et qui n'a pu être reprise pour la présente édition. Elle articulait chacun des 22 fragments repris ici dans les titres de rang 3 de la façon suivante : 2 ; 2a ; 2aa ; 2b ; 2ba ; 2ba' ; 2ba'' ; 2bb ; 2bc ; 2bd ; 2be ; 2bea ; 2beb ; 2bec ; 2bed ; 2bee ; 2bef ; 2beg ; 2bf ; 2bg ; 2c ; 2ca. Le lecteur soucieux d'une vision plus fine pourra suivre le fil de cette notation.

LE CARACTÈRE ONTOLOGIQUE DE LA PHILOSOPHIE POLITIQUE CLASSIQUE

L'APORIE CONSTITUTIVE DE TOUTE PHILOSOPHIE POLITIQUE, à partir de la structure typique de son concept de liberté

En général, lorsque l'on demande « Qu'est-ce que la liberté ? », y compris lorsqu'il en va de la liberté politique, l'on attend un concept philosophique de cette liberté.

Or, Hannah Arendt a raison de souligner que ce que les philosophes ont pu dire de la liberté politique est, traditionnellement, ancré dans l'expérience qui est la leur en tant que philosophes. Il faut, à cet égard, souligner que celle-ci a pris, historiquement, la forme d'une expérience de la détermination ontologique, ou d'un rapport ontologique à la détermination.

Il ne s'agit pas de faire un inventaire érudit. Disons simplement que la tradition a longuement répété, avec des variantes que nous ne saurions sous-estimer, le geste de Platon, qui donnait les déterminations rationnelles de l'Idée de la Cité juste pour la référence que devaient tenter de réaliser les cités concrètes.

La question centrale, dans cette optique, est celle du recensement, de l'évaluation et de la comparaison des différents types de régimes concevables. Il s'agit de déterminer avant tout « qui » est légitime à exercer le pouvoir.

Un tournant majeur prend place lorsque les « déterminations » rationnelles deviennent évolutives, et prennent la forme de processus, qui conservent néanmoins en eux une dimension nécessaire. Le pivot de cette conception est la pensée du négatif, qui conserve et prend appui sur cette nécessité pour projeter le procès vers l'avant.

Cette mutation, qui se joue quelque part entre Hegel et Marx, mettra au centre de la philosophie dite « politique » une question bien différente : « Quel est le "sujet" qui est aliéné dans la situation qui est la nôtre ? » « Quel sujet avons-nous à émanciper ? »

Remarquons que dans les deux cas, avant et après cette mutation, le concept de liberté demeure celui d'une « volonté » libre, une volonté en soi déterminée de façon nécessaire, et à qui l'on doit permettre d'exprimer, de réaliser cette détermination nécessaire qu'elle porte toujours déjà en elle comme sa nécessité « propre ».

La liberté est, pour le dire autrement, celle d'un « sujet » qui veut, qui est déterminé à vouloir.

Les sujets expriment aujourd'hui leurs déterminations au travers de logiques efficaces, qui ordonnent leur rationalité nécessaire déterminée en vue de l'affirmation toujours relancée, toujours recommencée, par ces sujets, d'eux-mêmes, de la détermination où ils se reconnaissent.

Ce qui n'a pas changé est que les déterminations posées à chaque fois par un sujet sont pensées dans le cadre d'une ontologie, et, plus précisément, d'une philosophie du « sujet », une philosophie dont l'horizon ultime ne peut être que le sujet.

Or, exprimer une détermination de la volonté comme nécessaire (ontologiquement) et lier le concept philosophique de liberté à une satisfaction de cette détermination de la volonté, donc à un accroissement de sa force, ne peut mener qu'à refermer sa logique d'action sur « un » mobile, donné pour nécessaire, qui ne peut que biaiser, partialiser, le concept de liberté.

Ici, pour le philosophe, une décision doit être prise. Peut-il se cantonner dans une érudition, une pensée chamarrée, bigarrée, où il ne s'engage pas ?

Peut-il substituer au divers empirique les proportions idéelles d'un temple immatériel ?

Peut-il se contenter de baliser de façon exhaustive (historiquement) un champ problématique avant, au mieux, de tenter d'établir une « thèse » bien définie, appuyée sur les faits et les traditions interprétatives ? (Cette approche ne présuppose-t-elle pas une polarisation vers la facticité qui fait partie du problème ?)

Une pensée de la liberté, selon son concept philosophique, ne peut s'arrêter à en donner une idée déterminée de façon nécessaire comme celle de tel « sujet » volitif ou de tel autre, trouvés et donnés comme déterminés « en eux-mêmes », ontologiquement.

Une telle pensée ne peut tenir à sa base une nécessité qu'elle serait dès lors vouée à retrouver à chaque étape de son développement. En effet, si elle reste prisonnière de cette perspective, elle sera non seulement impuissante à résoudre le problème de l'efficacité de logiques en expansion constante et celui de leur différenciation accélérée, mais il se pourrait que ce concept de liberté masque, occulte et voue à l'oubli la seule solution viable possible, celle d'une pensée de la contingence.

Il ne s'agirait plus alors d'énoncer une détermination essentielle qui serait celle de tel ou tel sujet (à émanciper) ni celle, éventuellement, de l'humanité « comme telle » (donnée dans l'intérêt d'une classe qui n'a rien à défendre), mais de penser la contingence qui est celle de « toutes » les déterminations pertinentes dans une situation donnée.

La question ne sera plus tant alors celle d'une pensée abstraite portant sur telle ou telle détermination, qui se révélerait comme non-nécessaire, que celle d'un rapport moral à la contingence, qui serait celui du penseur, du philosophe, et dans lequel la personne morale de celui qui prend la plume est engagée.

Dans ce rapport à la contingence serait impliquée une mise en pratique d'une discipline de vie, concrétisée dans une pratique renouvelée et réactualisée de la « méditation », dans ce que l'on pourrait nommer assez justement « méditations morales ».

Il s'agit donc de rouvrir la question de ce qu'un philosophe peut bien avoir à dire sur la « liberté », « en tant que » philosophe, non en tant que citoyen, électeur ou militant (positions qu'il peut éventuellement être amené à adopter également, mais pas au même moment ni au même lieu). Pour cela, il faudra bien garder à l'esprit les analyses d'Hannah Arendt, qui a raison de pointer le conflit originaire entre le philosophe et la cité.

Si les philosophes ont toujours tenté, pensant le politique, d'assurer avant tout le fait que leur soit accordée la possibilité d'exercer librement leur activité, et si, par là même, la philosophie politique a souvent conduit à plaquer sur les activités politiques, celles des citoyens, des modèles qui leur sont extérieurs, comment comprendre, dans le cadre de ses limites, l'apport qui peut être celui du philosophe, sur la question spécifique de la liberté ? Comment comprendre celui-ci, en tenant compte du fait que les idées du philosophe, une fois entrées dans le domaine public, ne peuvent plus se présenter que comme des opinions parmi les autres ?

Si la nécessité qui est celle du concept classique de liberté ne peut que conduire à l'oubli de la contingence, et des possibilités qu'une pensée de celle-ci contient pour la pensée et pour l'action, il faudra commencer par noter une duplicité inhérente à ce concept. La liberté peut être celle d'une volonté déterminée (ontologiquement) de façon nécessaire (comme « unité ») ou celle qui est liée à l'intégrité de l'acteur moral, à la singularité morale de celui qui s'exprime.

Ce qui rend impérative une réélaboration du concept de liberté, à partir du deuxième trait exprimé, est la différenciation accélérée des logiques efficaces, dans leur détermination. L'erreur serait de chercher la liberté dans un retour à un fondement volitif nécessaire, qui précéderait cette différenciation, et serait à même de ramener ces logiques à un sol commun, où elles seraient conciliées.

Réaliser une telle conciliation requiert une toute autre approche : il faudra rechercher ce que pourrait être un rapport moral à ces logiques « dans leur contingence », un rapport qui exprimerait une connaissance de cette contingence, de part en part, une connaissance de ce que « toutes » les conditions pertinentes, avec leurs logiques efficaces, sont contingentes, sans exception. Le penseur aura donc affaire à des « conditions », des mobiles, selon le spectre le plus large, des identités aux intérêts, non à des « déterminations » ontologiques nécessaires.

Il faudra passer d'une pensée de l'être, dans ses déterminations nécessaires à une pensée du possible, dans ses dimensions processuelles, selon lesquelles « aucune » détermination logique n'est, ni en soi ni pour soi, nécessaire.

Il faudra donc penser la liberté, non pas comme affirmation, par un sujet volitif, d'une détermination nécessaire, ni la connaissance de cette détermination comme nécessaire (au sens de légitime), mais comme l'intégrité morale qui est celle d'un penseur impliqué dans la considération, la méditation, de l'ensemble des conditions pertinentes, qui tend à les rassembler, de façon équilibrée, dans une compossibilité partielle, pour autant qu'elle est contenue dans leur contingence réciproque.

La question sera donc déplacée. On demandera : « Que peut dire sur la liberté une singularité morale, si elle tient toute entière dans un rapport adéquat aux conditions pertinentes, c'est-à-dire aux mobiles efficaces, selon leur spectre le plus large, dans une situation donnée ? »

D'abord : « Quelles sont les rationalités à prendre en compte ? »

Ensuite, « Quelle liberté peut se dégager dans le rapport du penseur à ces rationalités ? »

Répondre à ces questions suppose à la fois que le philosophe n'a pas à dicter, depuis l'expérience de solitaire qui est la sienne, un concept de liberté qui serait, sans plus, « vrai » et devrait être accepté simplement par les habitants de la cité, les acteurs politiques, et que, d'un autre côté, malgré tout, depuis la position qui est la sienne, il a quelque chose à dire, lui et lui seul, sur la liberté.

Cela, il le dit depuis l'expérience qui est la sienne, qui peut être dite « méditation morale ». Il n'a donc pas un « contenu », qui serait « vrai », à enseigner aux gouvernants, sur ce que serait le meilleur régime, ou la bonne façon de gouverner. Il n'a pas bien sûr non plus, lui-même, à gouverner.

Néanmoins, à partir de son expérience morale, à partir de sa connaissance traduite dans l'intégrité morale du singulier, il pourra « incarner », de manière « exemplaire », le rapport adéquat à la contingence, par sa capacité à y ramener, dans leurs relations réciproques, toutes les conditions efficaces.

D'UNE RETOMBÉE DU DRAPÉ

Le dispositif d'une « retombée du drapé » vise à éviter que la pensée ne se referme dans « un » plan logique, déployant une rationalité homogène qui serait par là même biaisée, partialisée, servant une condition (une identité ou un intérêt), tenue pour nécessaire, et l'affirmant en occultant les autres.

Une telle retombée vise à réaliser une « continuité » véritable, celle d'un processus intégré de possible, où chacun, depuis la position qui est la sienne, en aval, peut faire valoir ses conditions, identités et intérêts, sans les tenir pour nécessaires, et donc sans déterminer le procès, sans le biaiser.

Dans un « drapé », tel qu'il peut être figuré dans une peinture ou intégré à un bas-relief, chaque pli se forme et prend sens comme le simple rapport de plis antérieurs, dont il traduit un équilibre dynamique. En même temps, il exprime un tissu de couleur ou de pierre, qui est comme l'élément de possible accessible dans la situation.

Chaque acteur, depuis la position qui est la sienne, s'approprie telle ou telle condition (identité ou intérêt), inscrivant ainsi un pli dans le possible, qui sera effectif en ce qu'il traduit le rapport de plis antérieurs, par rapport auxquels il se définit et se trouve exposé.

La remontée en amont, dans le possible, qui sera le geste du philosophe, amènera, depuis la condition qu'il aura posée (et qui témoignera de cette remontée), une redéfinition du champ conditionnel, qui prendra la forme d'une retombée du drapé, où chaque condition sera appropriée de façon intégrée, dans un procès « continu », qui sera dès lors « assumé ».

CONTINUITÉS ILLUSOIRES ET VÉRITABLE

Une telle continuité se distingue de deux fausses continuités, qui sont celles des logiques et des phénomènes.

Une logique déploie une continuité abstraite destinée à servir une condition tenue pour nécessaire. Elle ne peut donc qu'aller toujours plus avant, suivant sa cohérence propre, qui introduit un biais dans ce processus, les autres cohérences pertinentes, avec leurs logiques respectives, étant occultées.

Les phénoménologies, à la suite de Husserl et de Heidegger, mettant en évidence le « phénomène », puis « l'événement[1] » dans ses différentes acceptions, jusqu'à celle de phénomène politique chez Arendt, ne peuvent que ménager l'ouverture où se donne un événement ponctuel, rétif à tout enchaînement causal, pour celui qui se met en quête d'un « habiter », à l'écoute de la dispensation de l'« Être ». Un tel habiter peut être présenté comme une continuité gagnée dans un rapport vécu, une ouverture (comme « vérité » de

1 Voir le beau livre de Claude Romano, *L'événement et le monde*, Paris, PUF, 1998.

ce qui se dé-couvre dans la présence, « a-létheia ») au phénomène, tel qu'il se donne[2].

Cela est dû au fait que l'événement est vécu sur un mode soustractif par rapport à des logiques[3] qui ne sont pas pensées autrement que comme un mode de l'accomplissement technique de la métaphysique.

L'événement est gagné « contre » le logique, dans un laisser-être ; les logiques se déploient, de leur côté, dans une abstraction qui se « soumet » les phénomènes, exposant les déterminations nécessaires de ce qui est.

L'ouverture se tient par-delà la détermination ; la détermination se ferme en logique abstraite.

Le dernier à avoir pensé une conciliation du « logique » et des « phénomènes » est Hegel[4]. Dans sa « phénoménologie », les phénomènes se déploient de façon logique (au sens de « dialectique »), et le logique se donne comme phénomène. Le Concept (en soi) se réalise progressivement (pour soi) en passant par le phénomène.

Il y a, en ce sens précis, « intégration » du logique et du phénoménal.

Le problème est que sa pensée tient fermement à sa base les déterminations nécessaires, dont le négatif fait son pivot. Il pense que la nécessité, médiatisée par le négatif, peut se révéler universelle, si elle déploie un procès unique, continu et finalisé.

Or, après le moment caractérisé par Marx et Nietzsche, la nécessité, exprimant une détermination subjective, ne peut que partialiser le processus, fermant un plan logique qui ignore les autres déterminations subjectives.

C'est ce dont prend acte la dissociation, postérieure à Hegel, entre le logique et le phénoménal.

2 Une telle pensée a pu être présentée comme « éthique » par Heidegger lui-même, cela au sens où elle donne accès à un « séjour », un « lieu d'habitation ». Voir les *Questions III et IV*, Paris, Gallimard, 1968, p. 115 (dans la *Lettre sur l'humanisme*). Une telle caractérisation *a minima* de l'éthique diffère profondément de celle qui est impliquée dans une pensée du procès. Voir mon *La liberté comme processus éthique*, Londres, ISTE, 2018.

3 Il n'y a pas de concept des « logiques » chez Heidegger, seulement une pensée du « Gestell », comme arraisonnement où la métaphysique de la subjectivité s'accomplit dans une domination unilatérale de la nature par la technique. Voir Heidegger, *Essais et conférences*, Paris, Gallimard, 1958 (le texte qui ouvre le recueil : « La question de la technique »).

4 Mentionnons toutefois les trois tomes d'Alain Badiou, qui sont d'une très grande richesse, et devraient être abordées pour eux-mêmes de façon séparée :, *L'être et l'événement*, Paris, Seuil, 1988 ; *Logiques des mondes*, Paris, Seuil, 2006 ; *L'immanence des vérités*, Paris, Fayard, 2018.

La distinction entre un courant continental, héritier de Heidegger et un courant anglo-saxon, tributaire de Wittgenstein est bien sûr trop schématique, notamment au vu de tentatives récentes pour opérer une conciliation des deux. Pensons à Jocelyn Benoist[5] ou encore à Isabelle Thomas-Fogiel[6].

Il n'en reste pas moins que cette distinction n'est historiquement pas « fausse », notamment au vu des stratégies discursives et argumentatives mises en œuvre de part et d'autre, qui demeurent fort différentes[7].

Ces deux courants peuvent être vus comme prenant acte de l'accomplissement de la « causalité[8] » nécessaire en « logiques » efficaces, orientées vers l'exactitude, pluralisées dans leur abstraction, auquel ils constituent deux réactions symétriques.

Or, il s'avère, dans les deux cas, qu'ils ne peuvent établir qu'une fausse continuité, que ce soit au niveau logique ou au niveau phénoménal.

La différenciation des logiques efficaces se déploie maintenant de façon accélérée sans que les approches phénoménologiques, qui se vouent elles-mêmes à un ressassement interminable de ce qui se donne et des modalités de cette donation, ne puissent avoir la moindre prise sur elle. De leur côté, les approches logiques, qui tentent d'élucider les conditions d'une cohérence formelle, seront, au mieux, instrumentalisées, devenant l'outil de cette différenciation volitive.

Si le problème central est aujourd'hui cette différenciation qui, éclatée, suit dans toutes les directions ce que réclame telle ou telle détermination nécessaire, celle-ci ne peut être « intégrée », donc « assumée » que depuis la pensée d'une continuité véritable.

Donc, contre les fausses continuités symétriques des logiques formelles et des phénomènes donnés dans l'ouverture aux existants, il faut tenter de penser une continuité du possible, dont tout l'enjeu est d'être formellement intersubjective.

---

5 Voir notamment, *Représentations sans objet. Aux origines de la phénoménologie et de la philosophie analytique*, Paris, PUF, 2001.

6 De cette dernière, *Le lieu de l'universel*, Paris, Seuil, 2015.

7 En témoigne la pétition qui s'opposa à ce que Harvard décerne un doctorat *honoris causa* à Derrida, et qui fut signée, entre autres, par Quine.

8 L'un des enjeux de la pensée des logiques efficaces est la perte de la proportionnalité supposée entre les causes et les effets. De toutes petites causes peuvent avoir de très grands effets. Voir Ilya Prigogine et Isabelle Stengers, *La nouvelle alliance*, Paris, Gallimard, 1986.

Il s'agit de la continuité d'un processus au sein du possible, où toutes les conditions pertinentes (identités et intérêts) seront reprises, de façon intégrée, chacune à sa place.

Cette continuité est ouverte par la « connaissance » de toutes les conditions pertinentes comme « contingentes ».

Une telle connaissance s'oppose à toute tentative de tenir le nécessaire, ponctuellement ou comme moment, à la base d'une pensée du procès. Que le nécessaire soit affirmé selon ses déterminations formelles, au service de la cohérence d'une logique servant objectivement une identité ou un intérêt défini, ou bien nié et désamorcé de façon soustractive (dans une pensée ouverte à ce qui vient, dans un laisser-être), la continuité du procès sera toujours ruinée, car partialisée.

Là où Hegel pouvait penser le processus nécessaire comme unique (à l'échelle de l'histoire mondiale), moyennant le rôle du négatif, nous vivons aujourd'hui dans un monde où les logiques efficaces sont en pluralisation accélérée, et où, en conséquence, leur efficacité affirme les différentes conditions pertinentes dans un jeu extérieur, nullement intégré, et donc aucunement assumé.

LA DÉTERMINATION ONTOLOGIQUE ET L'OUBLI DE LA CONTINGENCE

Selon une expérience riche dans sa postérité, la vérité des choses tient dans leur détermination nécessaire.

Ainsi, les choses sont déterminées « en elles-mêmes », ou par « participation » aux Idées, et saisir cette détermination est saisir la vérité de ces choses. La vérité sera dans une « correspondance » entre la détermination qui est toujours déjà celle de la chose et les déterminations du discours qui parle de cette chose.

Cette détermination est nécessaire. Elle exprime ce qu'est la chose de façon nécessaire. Elle est donc ontologique. Elle donne la chose dans la vérité de ce qu'elle est. La chose n'est que de cette nécessité, à laquelle viendra correspondre une connaissance elle aussi nécessaire. Cette connaissance a pris la forme d'une pensée par les causes.

Le tournant décisif de cette pensée ontologique a été son retournement subjectif, qui a fait, mais bien après Descartes[9], que la pensée par les causes a cessé d'être hospitalière à l'expérience philosophique. Une fois que la détermination des étants a été supplantée par celle de la connaissance de ces étants[10], on en est venu, peu à peu, à ne plus voir que la nécessité du vouloir, explicite ou implicite (donc rendue invisible, et d'autant plus puissante), qui instrumentalise cette connaissance.

Ce devenir-sujet (sub-jectif, dans une sup-position), cette autonomisation de logiques instrumentalisées par des déterminations volitives indiscutées (et ainsi « nécessaires »), a rendu impératif un positionnement par rapport à la pensée ontologique, nécessaire. Ce positionnement a pris les formes symétriques d'une pensée logique, abstraite, centrée sur la cohérence formelle, d'une part, d'une pensée phénoménologique, qui tente de se soustraire au régime logique, et de s'ouvrir à l'événement, à ce qui vient, dans sa gratuité, de l'autre.

Il resterait à savoir si l'un ou l'autre terme de cette alternative a pu sauvegarder l'expérience philosophique dans sa spécificité.

Dans les deux cas, il faut remarquer le maintien d'une référence, qu'elle soit positive ou négative, à la nécessité. Qu'on articule une logique de façon cohérente, ou qu'on tente d'échapper, de se soustraire, de neutraliser un régime de la nécessité logique jugé inauthentique, on se meut dans l'orbite de cette nécessité.

Or, cela ne peut se faire que sur le fond d'un oubli de la contingence qui est celle de toutes les conditions pertinentes.

---

9 Pierre Hadot a raison de souligner que la pensée essentielle de Descartes prend la forme de « méditations ». Voir *Exercices spirituels et philosophie antique*, Paris, Albin Michel, 2002.

10 Voir les études de Jean-Luc Marion sur Descartes : *Sur l'ontologie grise de Descartes*, Paris, Vrin, 1975 ; *Sur la théologie blanche de Descartes*, Paris, PUF, 1981 ; *Sur le prisme métaphysique de Descartes*, Paris, PUF, 1976.

IDENTITÉS ET INTÉRÊTS

Si le régime pertinent aujourd'hui pour une pensée des logiques efficaces n'est plus celui de la causalité nécessaire au sens classique, quelles sont les conditions impliquées dans cette efficacité des logiques ?

Ce seront à la fois des identités et des intérêts, selon le spectre le plus large, en contexte.

Identités, donc religions, nationalités, appartenances, affiliations, etc., qui impliquent la possibilité d'une polarisation amis-ennemis[11] ; intérêts, qu'ils soient égoïstes, altruistes, exprimés dans des droits, de connaissance, ou autres, qui sont souvent, dans la tradition libérale, susceptibles d'introduire un biais de maximisation, dans la mesure où ils s'appuient de façon inquestionnée sur des logiques formellement maximisatrices.

Tous doivent être connus dans leur contingence.

Cela veut dire que n'est pas en jeu l'affirmation de telle ou telle identité, de tel ou tel intérêt (par exemple celle ou celui d'un « sujet », d'un groupe déterminé à émanciper), mais le statut des identités dans leur rapport pondéré avec les intérêts (autrement dit leur universalité).

Aucune condition n'est « nécessaire », ni à la base, ni à aucun moment du processus. Elles sont seulement des « repères » au sein de ce processus, dont elles signalent s'il est ou non intégré, donc assumé.

L'une des conséquences de l'avènement de la modernité, aujourd'hui mondialisée, à moins que ce n'en soit l'un des présupposés, est que toute « théorie », aussi abstraite soit-elle, devient (potentiellement) une « logique » au service d'une identité ou d'un intérêt déterminé.

Une théorie n'est plus séparable de son efficace. Elle n'en garde pas mois, pour autant, une dimension de « vérité » (qui rapproche les individus concernés), qui, donc, participe de son efficacité.

11 La considération de la polarisation ami/ennemi comme essentielle à la politique remonte à Carl Schmitt, *La notion de politique*, suivi de *Théorie du partisan*, Paris, Flammarion, Champs classiques, 1992 ; la pluralité des identités intervient de façon large dans la querelle liée aux « communautarismes », face au « libéralisme » ; voir entre autres, le livre classique de Charles Taylor, *Multiculturalisme. Différence et démocratie*, Paris, Flammarion, Champs essais, 2009.

En même temps, le devenir identité/intérêt des logiques, leur historicisation, risque de neutraliser cette dimension de vérité.

Qu'une logique soit donnée pour nécessaire en tant qu'elle exprime une domination légitime ou comme exprimant une subjectivité aliénée à émanciper, sa dimension de vérité ne peut être préservée qu'à partir d'une pondération avec toutes la conditions pertinentes (avec leurs logiques respectives), c'est-à-dire à partir d'une « connaissance » de leur contingence. Il n'y a pas d'identité, il n'y a pas d'intérêt « universel » en soi.

Dès lors que les logiques, dans leur aspect de connaissance, ne peuvent que fortifier telle identité ou tel intérêt, l'universel devient la *contingence* de « toutes » ces logiques.

Les lois données par telle ou telle science deviennent des logiques parmi les logiques.

Les droits reconnus par une constitution deviennent des logiques parmi les logiques (ce qui ne veut pas dire qu'ils ne sont pas « justes », mais qu'ils sont simplement « contingents », et que donc ils doivent être considérés dans leur rapport avec l'ensemble de toutes les conditions pertinentes).

De même, les divers outils de maximisation, avec leurs logiques issues de l'économie, liées à la tradition utilitariste, et aujourd'hui étendues à la gestion publique (New Public Management[12]) ou à la considération des normes légales, jugées depuis leur efficacité constatable (Law and Economics[13]), ne peuvent, à chaque fois, que fermer un plan partiel, donc biaisé, de rationalité. Ils ne peuvent qu'affirmer « un » intérêt, en le tenant à la base, comme nécessaire, et se meuvent toujours dans l'orbite de cet intérêt, dans ce plan logique, sans pouvoir en sortir, donc sans pouvoir rendre cet intérêt à sa contingence par rapport aux autres intérêts, aux autres identités en jeu, et aux logiques mises en jeu par ceux-ci.

La Main Invisible ne peut amener qu'une maximisation inscrite dans un plan exclusif, liée à un intérêt pour le gain, dans une restriction dramatique du spectre des mobiles pris en compte.

---

12 Bernard Abate, *La nouvelle gestion publique*, Paris, Librairie générale de droit et de jurisprudence, 2000.

13 Sylvain Bollée, Yves-Marie Laithier et Cécile Pérès (dir.), *L'efficacité économique en droit*, Paris, Economica, 2010. Voir la critique que fait Alain Supiot de ces avatars du vieux rêve occidental d'une harmonie fondée sur le calcul : *La Gouvernance par les nombres. Cours au Collège de France (2012-2014)*, Paris, Fayard, 2015.

L'on ne peut donc se cantonner à affirmer que les normes extérieures au marché perturbent son fonctionnement en vue d'un maximum. Il faut ajouter que cette perturbation est compensée par l'intégration de nombreux autres mobiles (dont des identités) au procès efficace déployé dans la situation.

La multiplicité des conditions pertinentes, en contexte, reflète la fragmentation infra- (pouvoir accru des régions, notamment la Catalogne, l'Écosse) et supra-étatique (intégration en ensembles continentaux), en même temps que le poids économique de sociétés commerciales internationales, qui deviennent aussi puissantes que des États.

Là se joue la différenciation accélérée des logiques d'action, chacune au service d'une identité, d'un intérêt.

Celle-ci sous-tend, en même temps qu'elle dépasse largement ce que Rawls appelait la pluralité des doctrines compréhensives du bien opposées (morales, philosophiques, religieuses, etc.)[14], qui ne sauraient constituer qu'une partie restreinte du spectre des conditions pertinentes.

Les mobiles, identités et intérêts, ont cette particularité d'être toujours déjà effectifs, même s'ils peuvent être mis à distance par une volonté libre. En outre, ils ne sont jamais ceux d'une seule personne.

Il ne s'agit pas de valoriser telle condition, tel mobile, au détriment des autres. C'est un pur rapport aux conditions effectives, selon le spectre le plus large, qui libère une retombée du drapé où chacun, en aval, va reprendre et décliner le contenu de la condition posée à partir de son identité, de son intérêt propre, auquel il s'identifie perspectivement, et dans lequel il se reconnaît.

D'UNE DIFFÉRENCE ESSENTIELLE ENTRE LES IDENTITÉS ET LES INTÉRÊTS DANS LEUR RAPPORT AU NÉGATIF

Il est important de reconnaître comme essentielle à l'éthique comme au politique la distinction du « positif » et du « négatif ».

14 Rawls, *Théorie de la justice*, trad. Catherine Audard, Paris, Seuil, 2009.

Et, à cet égard, il faut repérer une asymétrie du rapport au négatif entre les identités et les intérêts, avec leurs logiques maximisatrices respectives.

Les identités passent par le négatif. Elles s'appuient sur le négatif, qu'elles acceptent, au sens d'une contradiction (donc d'une violence potentielle) conçue comme ressort d'une volonté (d'une subjectivité) agissante. Elles font du négatif leur moteur et prennent pour base le conflit.

Les intérêts, en revanche, sont aveugles au négatif si on lui donne le sens du « négatif vécu » (ruine, échec, frustration), comme violence subie à laquelle on ne consent pas.

L'économie (se faisant, de façon privilégiée, l'expression des intérêts) s'en tient aux « désirs », aux « volontés », aux « préférences » individuels. Elle n'a affaire, le plus souvent, structurellement, qu'à du positif.

Elle est le plus souvent aveugle au négatif vécu (quand elle ne le voit pas sous la forme d'une simple « privation » de positif), et *encore plus* à sa distribution.

Ainsi, identités et intérêts déploient à chaque fois, à partir d'une détermination tenue pour nécessaire, des logiques spécifiques, sous forme de cohérences définies.

Un concept politique de contingence va inviter à rendre chaque identité, chaque intérêt, à la contingence de leurs rapports réciproques, rien de plus.

Cela se fera dans le but d'éviter un cumul systématique du négatif vécu sur un seul et même groupe social.

Sous cette forme, le concept de contingence est essentiellement politique.

L'ONTOLOGIE
ET LE CONCEPT DE JUSTICE

LA POSSIBILITÉ D'UN CONCEPT DE JUSTICE DANS UNE PERSPECTIVE ONTOLOGIQUE COMME PROBLÈME

L'horizon est aujourd'hui celui de logiques maximisatrices instrumentalisées par des conditions (identités et intérêts) cherchant à s'affirmer comme forces. Cette tension exclusivement affirmative des conditions n'est jamais remise en question. Ces conditions sont, dans cette mesure, « nécessaires ».

Formuler de façon consistante la question de la justice passera, selon cet horizon, par l'affirmation de telle ou telle condition (sujet à émanciper), avec sa logique de structure maximisatrice.

Or, une telle logique devra prendre position par rapport à un contexte « positif » ou « négatif ».

Elle sera posée comme légitime, pour la question de la justice, comme « maximisation » du positif, ou comme « minimisation » du négatif.

De plus, elle devra se montrer à même de prendre en compte la « distribution » du positif et du négatif.

Pourtant, une logique, considérée dans son efficacité, va procéder en déployant, à chaque fois, un plan logique homogène, donc un plan de rationalité fermé. Chaque plan sera, dans cette mesure, aveugle et hétérogène aux autres plans. Chaque logique va se déployer d'une façon qui sera incommensurable aux autres logiques. Chaque logique, dans sa forme maximisatrice, sera aveugle aux autres logiques.

Comment postuler, dès lors, que ces logiques seront convergentes ? Comment supposer qu'elles pourront se combiner ? *Qu'est-ce qui nous dit qu'une maximisation du positif sera « compatible » avec une minimisation du négatif, et avec une distribution du positif qui va réduire la classe de distribution des plus défavorisés ou maximiser la classe de distribution des plus favorisés ?*

Si l'efficacité des logiques exprime leur hétérogénéité, le fait que chacune déploie une rationalité cohérente « car » appauvrie dans sa référence, chacune ayant un domaine de référence différent, il semble que leur conciliation pose problème, et que l'on soit en droit de la désigner comme un problème urgent pour la formulation d'un concept de justice.

Comment penser que le concept de justice, tant que l'on reste dans cet horizon de logiques maximisatrices, sera pensable, donc possible ?

La question se posera tant que l'on se mouvra dans l'orbite du postulat ontologique, avec la supposition de conditions nécessaires (indiscutées) à la base du développement de logiques efficaces.

Une fois posée cette question, qu'il nous soit permis de revenir au problème de la contingence des conditions et des mobiles d'action (qui sera aussi celle, par implication, des logiques qu'ils commandent).

LES LOGIQUES EFFICACES ET LA FIN DE L'ONTOLOGIE

Une logique déterminée, efficace, poursuit un but (une condition, identité ou intérêt), selon sa force, son poids, qui ont, dans leur partialité, des effets systématiques potentiellement injustes.

Chacune est tendue vers son développement, le but étant toujours relancé. À partir du moment où elle atteint un poids critique, son inertie devient incontournable.

Elle ne peut que fermer à chaque fois un seul plan de rationalité, un plan de cohérence homogène, car elle exprime les exigences d'une condition déterminée, tenue pour nécessaire.

La nécessité d'une condition, exprimée dans une logique, se renforce en se déployant toujours plus loin.

Il y a une « amplification » des logiques, dont la force se nourrit à chaque fois de la force accumulée dans son plan logique, dans le mouvement de partialisation (donc d'homogénéisation), de fermeture dans un plan, qui est le sien en tant que logique.

Il y a donc une différenciation dynamique des logiques, d'emblée pluralisées, une particularisation qui est en même temps une spécification. C'est-à-dire aussi bien un déploiement et une généralisation (au sens d'un appauvrissement de la référence).

À chaque fois, l'amplification (qui devient abstraite) mène à une accumulation indéfinie.

La pente veut qu'un plan de rationalité se referme, comme force pure. Cela est impliqué dans la nécessité qui reste attachée aux conditions exprimées dans chaque logique.

Chaque plan, tendant à se fermer, se déploie par reconstruction dans l'abstraction, dans son aspect objectif (qui implique un jeu extérieur des termes définis) comme méta-objectif (la nécessité qui est celle de telle ou telle condition).

Dans un plan logique, en tant qu'il fait système, des forces se rapportent à des forces. Les déterminations épuisent les possibles, qui saturent un plan logique de façon exhaustive. Mais cela se fait à partir de la partialité qui est celle du plan considéré (donc de l'identité ou de l'intérêt qui est tenu pour nécessaire à chaque fois).

Un plan dessine un rapport de forces, dans sa détermination négative réciproque, qui fait que ces forces, entrant en opposition, sont dans « ce » plan précisément.

Ainsi, le libéralisme, comme système de la liberté, qu'il s'en tienne à une maximisation comptable (intérêts) ou à l'affirmation unilatérale de droits (identités), fermant un plan partiel, ne peut que manquer la « liberté ».

La pluralisation des logiques a rendu illusoire la position de Rousseau, pour qui la « grande société », avec l'expression de la « volonté générale » qu'elle permettait, offrait un cadre *a priori* qui rendait pensable la légitimité du pouvoir et des lois.

Pour lui, des sociétés « particulières », autrement dit « intermédiaires », ne pourraient être que « générales » par rapport aux membres de la société, et « particulières » par rapport à la grande société, introduisant ainsi une partialité, et ruinant la légitimité de la volonté[1].

Cela va avec l'idée que les volontés sont plus actives à mesure qu'elles se concentrent.

1 Voir notamment *Sur l'économie politique*, *Considérations sur le gouvernement de Pologne*, *Projet pour la Corse*, Paris, Flammarion, 1990, p. 62/63.

Or, justement, nous sommes aujourd'hui confrontés à une pluralisation de logiques hautement différenciées, avec leurs partialités respectives, qui fait qu'il n'y a plus « un » cadre de légitimité déterminé identifiable (disons « l'État-Nation »), mais que celui-ci est lui-même relativisé et devient une logique parmi les logiques (infra- et supra-nationales, posant des intérêts altruistes ou égoïstes, etc.)

Il n'est donc plus possible de baliser un domaine, resserré en un plan d'extériorité, qui serait *a priori*, ou *de jure* légitime, puisque précisément, en tant que logique efficace, celui-ci sera partialisé par la condition qui le tient pour nécessaire.

La pluralité des plans logiques est inscrite dans le développement sans fin (puisque leur but est sans cesse relancé), toujours plus loin, de chacun.

La stratégie de Hegel, qui, à partir du négatif pensé comme moteur voulait légitimer chaque condition, dans sa nécessité, à la place qui est la sienne dans « un » procès historique mondial, unifié et finalisé, est minée par cette pluralisation, qui révèle que la nécessité de quelque condition que ce soit ne peut être que partialisante, et apporte un biais dans le processus qu'elle ouvre.

Ce qui était pensable pour les tenants de l'Idéalisme allemand, qu'un système, notamment appuyé sur la négation déterminée, déploie une nécessité universelle, cela ne peut aujourd'hui fonctionner, puisqu'une logique, chaque logique, dans le régime de pluralité qui est le leur aujourd'hui, tend à fermer un plan logique exclusif, donc biaisé.

En réalité, un plan logique ne peut jamais se clore de façon définitive, en même temps qu'il ne se déploie qu'à partir de cette exigence. C'est ce mouvement sans cesse reconduit vers une fermeture qui se dérobe qui provoque la différenciation accélérée des logiques efficaces.

Le moteur de la différenciation est l'écart entre des faits choisis et des conditions affirmées qu'un plan de cohérence partiel tente de combler.

Cela vient de ce que chaque logique exprime à chaque fois une « volonté », donc « une » volonté. Et, par le simple fait qu'une volonté est déterminée (par la condition, identité ou intérêt, tenue pour nécessaire), elle est obligée de se remettre en jeu, avec une force accrue.

Ainsi, même si les logiques sont vues comme de pures déterminations abstraites, fonctionnant dans l'extériorité, elles ne fonctionnent que comme logiques « d'une volonté subjective », à chaque fois.

Il y a une duplicité de la volonté, qui regarde à la fois vers ce qui est advenu (le fait) et vers ce qui est à réaliser (la condition), l'écart étant sans cesse reconduit, par cela même.

La volonté de combler l'écart ne peut que le reconduire, tant que l'on se meut dans un régime de nécessité (qui est celle de telle ou telle condition, dans sa partialité)[2].

La tendance à se constituer (fermer une identité ou un intérêt), de façon exclusive, ne peut que relancer la logique de cette condition.

Cela rejoint, mais dans une autre perspective, les positions de Judith Butler[3] par exemple, selon qui « toute position d'un sujet est nécessairement incomplète ». Mais ces auteurs continuent à se mouvoir dans l'horizon d'une question qui est celle d'un « sujet » politique à émanciper, couplée à une pensée de la domination.

Une volonté, quelle qu'elle soit, ne peut, affirmant sa détermination comme nécessaire, que déployer une logique partiale, biaisée.

Tenter de combler l'écart ouvert par une volonté en s'appuyant sur une autre volonté ne peut que reconduire cet écart. Et dans l'oubli de la provenance volitive des logiques à l'œuvre ne peut que se renforcer la force systémique de ces logiques.

La poursuite de telle ou telle condition porte avec elle l'affirmation sans cesse déplacée, bientôt disproportionnée, d'une logique efficace. La fermeture irrémédiable du cadre de référence accessible aux seules volontés, mais pluralisées, et chacune fermée dans un plan logique qui est celui de sa seule efficacité, constitue en réalité la perte de toute référence pertinente à ce qui a pu constituer traditionnellement une pensée « ontologique ».

Précisément, à partir de là, d'une perte de la référence à « une » détermination (ontologique) nécessaire (identité ou intérêt), peut prendre place et se déployer une pensée de l'écart des volontés dans leurs rapports réciproques, déclinée sous la forme d'une pensée de « l'assomption » de toutes les conditions pertinentes, à partir de la connaissance de leur contingence, en contexte, qui donne accès au possible comme élément, en tant qu'il y est à l'œuvre, et prend l'allure d'une « méditation » des processus effectifs dans leur structuration éthique.

---

2 En réalité, pousser un plan logique plus à fond ne peut mener qu'à identifier des cas limites, où cette logique ne s'applique plus. Voir, par exemple, le travail de Putnam, dans l'horizon qui est le sien : *Faits et valeurs. La fin d'un dogme*, Paris-Tel-Aviv, Éditions de l'éclat, 2004.

3 Voir Judith Butler, Ernesto Laclau et Slavoj Zizek, *Contingency, Hegemony, Universality*, London, New York, Verso, 2000, p. 11.

SIGNIFICATION DE L'OUBLI DE LA CONTINGENCE POUR L'OCCULTATION DU POSSIBLE COMME ÉLÉMENT, qui rend impensable et donc non-identifiable l'assomption des logiques dans un procès intégré

L'enjeu est la « connaissance » de toutes les conditions pertinentes comme « contingentes ».

L'« universalité » n'est pas celle de telle ou telle condition déterminée, identité ou intérêt, qui serait « nécessaire ».

Il ne s'agit pas d'établir des conditions valides « dans » leur détermination arrêtée, quelque part au-dessus des faits (par exemple au travers de la fiction d'un « voile d'ignorance[4] »).

Non pas, donc, montrer qu'un principe est acceptable, au regard de la justice, en lui cherchant un « fondement » *a priori*, s'il est vrai que les sociétés dans lesquelles nous vivons ne sont, en aucun sens recevable, « bien ordonnées[5] ».

Il s'agit bien plutôt de remettre en jeu, à chaque fois, les conditions pertinentes, les rendant à leur contingence réciproque. Il faut comprendre que toutes les conditions efficaces sont contingentes. Ainsi, à partir d'une condition posée en amont, pourra s'opérer une compossibilisation, en aval, permettant à chaque groupe d'exprimer sa condition respective, de façon intégrée.

Cette intégration, comme « assomption » responsable des logiques à l'œuvre, avec les conditions qu'elles expriment à chaque fois, s'opère depuis une connaissance de la contingence des conditions, qui libère une viabilité pour le procès à l'œuvre, en le replaçant dans l'innervation éthique qui est accessible, à chaque fois, en contexte.

Un rapport direct à ce possible peut prendre place dans ce qui est ici nommé « méditation morale », ouvrant un procès éthiquement efficace à partir de cette expérience philosophique.

Il s'agit donc d'un rapport, non au fait, non aux normes ou conditions dans leur détermination, mais d'un rapport au possible, qui permet de reprendre toutes les conditions efficaces, donc pertinentes, dans son effectivité.

4 John Rawls, *Théorie de la justice*, Paris, Seuil, 2009.

5 L'expression est récurrente chez Rawls, avec une dimension normative.

Non pas, donc, définir telle norme, telle valeur, tel droit, dans sa détermination, qui serait « bonne » par opposition à d'autres, qui seraient « mauvaises ». Rendre bien plutôt toutes les conditions pertinentes à leur contingence, ce qui permet de les reprendre dans un procès intégré de possible, libéré depuis un rapport à l'innervation éthique qui se délivre en situation.

Plutôt que de figer, fonder, séparer, il s'agit de permettre un procès, de libérer une viabilité au sein du possible qui est toujours déjà là, quelle que soit la situation où l'on se trouve.

Cela rejoint, d'une toute autre façon, la position qui est celle d'Amartya Sen, qui s'est toujours refusé à énoncer une liste définitive et close de « capabilités ». L'important n'est pas dans la lettre arrêtée de conditions qui seraient « bonnes », ou universelles car prétendument applicables en toute situation, valides en tout contexte.

L'enjeu est bien ici d'« assumer » les conditions pertinentes, échappant à l'inefficacité qui serait celle de la « belle âme » hégélienne, mais aussi au rapport de forces cynique que nous voyons tous les jours à l'œuvre, dans nos sociétés.

Contre l'inefficacité, soulignons que, dans le possible, selon une propension à l'œuvre, inclinant vers une continuité, c'est bien une figure précise des conditions qui est requise, et qui est assumée dans sa précision. Nous ne sommes pas livrés à un « vague » nébuleux.

Si nous ne pouvons pas définir le « bien », il nous est possible de repérer les logiques qui sont en passe de « dévier » par rapport à l'« innervation » de possible à l'œuvre.

Il s'agit de considérer la façon dont une condition, posée en amont, appelle et permet une pluralité de réinterprétations et de récupérations, entrant dans des prises de position exprimées dans des choix, des calculs, l'adoption de règles, de normes ou d'axiomes, dans une perspective qui peut être maximisatrice, mais pas seulement, selon le spectre le plus large des mobiles, des identités aux intérêts.

Posant une condition en amont, il faudrait donc opérer un repérage du champ motivationnel qui se lestera de concret, au fil de la retombée du drapé, chaque condition étant reprise dans son rapport aux autres conditions pertinentes, dans la viabilité libérée dans le possible.

Dans ce retour en amont se redéfinit le champ des possibilités accessibles, appropriables, qui permettra les prises de position effectives, en aval. Mais cela ne se fait pas dans une connaissance qui exercerait une maîtrise, une domination, sur le processus libéré. Cette connaissance ne prévoit pas, n'anticipe pas de façon exhaustive des faits qui vont arriver.

Il s'agit bien plutôt d'un rapport au possible, depuis une expérience philosophique, qui est celle d'une méditation.

Il s'agit d'ouvrir des possibles qui seront appropriés, en aval, non pas d'agréger des préférences individuelles pour des possibles pré-déterminés.

Toutes les conditions pertinentes doivent être assumées, non pas subies car tombant dans l'extériorité pour les acteurs concernés.

Ainsi, poser une condition effective, en amont, peut être pertinent (responsable), même si tout le monde ne doit pas ou s'il n'est pas imaginable ni souhaitable que tout le monde s'y plie en toute circonstance. Tout est dans un rapport situationnel au possible.

Dès qu'on s'en tient aux volontés, qui tombent les unes en dehors des autres, le procès ne sera pas intégré, et une identité s'opposera à un intérêt.

Cela est inévitable dans une perspective « ontologique », où l'universel est lié à un « contenu » de la pensée, qui est « identique » pour tous ceux qui le pensent. Cela est impliqué dans la distinction opérée par Frege, Husserl et Popper entre « concept » et « représentations[6] ».

En réalité, la pluralisation des plans logiques, leur différenciation effective, va de pair non seulement avec l'abandon des hypothèses d'arrière-mondes (liées à l'ontologie classique, dénoncée par Nietzsche), mais aussi avec une relativisation des sujets volitifs sans qui pourtant cette pluralisation est impensable, mais qui, en tant que sujets, ne peuvent, exprimant leur perspective respective, que se situer dans un unique plan rationnel d'efficacité.

Si la pluralisation logique perspective est l'horizon de notre temps, nous ne pourrons l'assumer que « depuis » ce moment (qu'elle porte en elle comme son exigence), le renoncement à une ontologie qui affirme des déterminations nécessaires qui sont celles de volontés subjectives.

6 Jocelyn Benoist, *Représentations sans objet, Aux origines de la phénoménologie et de la philosophie analytique*, Paris, PUF, 2001.

LA COMPLEXITÉ DU MOMENT MARXIEN
L'héritage de sa duplicité onto-logique

Ce destin de la pensée moderne doit être compris à partir du moment qui fut initié par Marx.

L'expérience traditionnelle des philosophes était celle d'une détermination nécessaire. Hegel était encore, dans ce sens, si pas « méditant », du moins « spéculatif ».

L'expérience qui est celle de Marx est non seulement différente, mais elle se veut opposée à celle-là, opérant un renversement, une « remise sur ses pieds[7] » de la pensée, dans un sens matérialiste (qui reste donc pris dans un cadre ontologique).

Le geste de Marx prend la forme de deux décisions d'importance. Il se déploie dans deux directions : l'une essentialiste et l'autre perspectiviste.

La première fait le lien entre un « intérêt » défini et l'« humanité essentielle » de l'homme. La détermination nécessaire liée à cette essence est donc celle d'un « intérêt » (par opposition à des identités), et celle d'« un » intérêt (par opposition aux autres intérêts). Cet intérêt est, nous le savons, celui des prolétaires, de l'homme qui travaille, et qui, précisément parce qu'il n'a rien à lui, rien à défendre, est supposé incarner l'intérêt « universel » qui est celui de l'homme en général.

La condition d'essence (ontologique) posée, comme nécessaire, cet intérêt qui est celui des prolétaires, vient donc réduire drastiquement le spectre des conditions prises en compte. Elle est, par là même, une détermination ontologique pure.

L'autre décision capitale de Marx a nourri, comme Hannah Arendt[8] l'a bien vu, le développement de toutes les sciences sociales, à partir de la dimension perspectiviste qui devient désormais la leur, et qui s'affirme dans leur rapport déterminé aux valeurs, débouchant sur un conflit entre des valeurs incommensurables, thématisé par Max Weber[9].

7 Marx, *Le Capital*, Paris, Folio Essais, 1968, Postface à la seconde édition allemande, p. 106.

8 Voir ce texte court, mais lumineux, dans *Qu'est-ce que la politique ?*, Paris, Seuil, 2014, p. 136-150.

9 Max Weber, *Le savant et le politique*, Paris, Plon, 1959.

Chaque théorie affirme désormais une « perspective » déterminée, qu'elle sécurise en énonçant ses déterminations, ses options théoriques de base propres.

Ce perspectivisme a été rendu possible par la conception de la dialectique qui fut celle de Marx. Les « lois » de la dialectique chez lui sont des lois du changement, qui ne peuvent donc fournir le moindre contenu à des lois positives.

Dans la réalité, l'appareil de violence étatique en tirera prétexte pour ne plus se voir soumis aux « contraintes de la réalité ». Il y aura donc une « déréalisation », les idées devenant de purs outils[10] au service du pouvoir (donc une « idéologie[11] »).

Il n'en reste pas moins que les lois de l'histoire sont chez Marx nécessaires. Il y a combinaison entre l'aspect essentialiste et l'aspect perspectiviste.

Et la question de la philosophie, qualifiée selon ce double biais, sera de déterminer quel « sujet » non pas « doit » (moralement) être émancipé, mais quel sujet « sera » émancipé nécessairement (ontologie matérialiste), conformément aux lois nécessaires de l'histoire.

La question du sujet aliéné, et donc à émanciper, est encore aujourd'hui centrale dans de nombreux débats de philosophie politique[12]. Que ce soient les revendications de marxistes actuels, de penseurs communautariens, féministes, ou autres, la question demeure toujours essentiellement la même.

Elle est appelée par le moment marxien, dans sa double exigence.

Mais la conséquence encore trop peu mesurée de ce moment, dans laquelle pourtant nous nous mouvons depuis lors, est que la tradition philosophique (ontologique) est devenue inhospitalière à l'expérience philosophique (qui était celle de la détermination nécessaire) : en effet, cette tradition et les théories qu'elle propose ne pouvaient plus être vues que comme des logiques développées au service de conditions volitives, tendues vers un accroissement de leur force.

---

10 Hannah Arendt souligne bien que le Marxisme de Marx est l'une des philosophies les moins susceptibles, théoriquement, de devenir une « idéologie ». Il ne s'agit pas ici de poser la question de la « responsabilité » de Marx pour ce qui arriva après lui.

11 Précisément ce que Marx condamnait sous ce nom même.

12 Razmig Keucheyan, *Hémisphère gauche, Une cartographie des nouvelles pensées critiques*, Paris, La Découverte, 2017.

L'expérience de Marx, qui implique une inversion ontologique (qui conserve le cadre de cette ontologie), rend le schéma classique inopérant, inadapté pour une « expérience » dont le sens était dès lors destiné à se perdre, tout en se cherchant, de façon tâtonnante, un nouveau foyer (cela est patent chez Husserl, avec la réduction phénoménologique, et encore chez Heidegger, avec sa pensée tardive de l'*Ereignis*, notamment).

Afin de restaurer un cadre hospitalier à l'expérience philosophique, il faut requalifier cette expérience, non plus comme expérience d'une détermination nécessaire (ontologique), mais comme expérience de la contingence de toutes les conditions pertinentes.

Il faut donc accepter que l'objet adéquat de la philosophie soit constitué par les mobiles, identités et intérêts, qui sont effectifs, pertinents, donc déjà actifs en contexte (non pas qu'ils doivent devenir l'objet d'une « thématisation » explicite, mais en ce qu'une philosophie sera jugée d'après ce qu'elle « opère » à ce niveau).

Cela conduit à restaurer le geste qui fut celui du « philosophe », chez Platon, là où il s'oppose de façon décisive à la conception traditionnelle des « *sophoi* » qui, adonnés à une contemplation pure, n'avaient rien à dire, aucune influence à exercer, dans le domaine politique[13].

LE PHILOSOPHE ET LE POLITIQUE
Savoir d'un contenu et expérience d'un savoir

Pourquoi, lorsque l'on demande « Qu'est-ce que le politique ? », attend-t-on une réponse philosophique à cette question ?

Quel rapport peut avoir le philosophe, en tant que philosophe, au politique ?

Ce rapport doit prendre place à partir de l'expérience qui est la sienne, et qui peut être retrouvée au travers d'exercices de pensée qui engagent l'expérience morale du philosophe, ou de « méditations », où est pleinement impliquée sa personnalité morale.

13 Voir encore Hannah Arendt, *Qu'est-ce que la politique ?*, Paris, Seuil, 2014 ; *La crise de la culture*, Paris, Folio Essais, 1972.

L'expérience philosophique, qui peut également être qualifiée, sous un autre angle, de « non-agir[14] », exprime la singularité morale qui est celle du penseur, confronté aux conditions efficaces dans la situation qui est la sienne.

Il incarnera alors, de façon exemplaire, le moment moral de cette situation. Plus qu'une théorie, ou une création de concepts, c'est son rapport aux conditions pertinentes, et donc aux logiques efficaces, rapport qui implique la connaissance de celles-ci, à chaque fois, comme contingentes, qui caractérisera la position du philosophe.

Cette position, exprimant sa singularité morale, gagnée dans l'exercice de la méditation, exprime bien une vérité, mais non une vérité ontologique (qui serait par exemple vérité-correspondance). Il s'agit d'une vérité processuelle, c'est-à-dire de l'expression de ce qui est en mesure d'assurer la viabilité du processus à l'œuvre, au sein du possible.

Cette viabilité suppose, de la part du penseur, non seulement des concepts ordonnés, mais également une sensibilité ordonnée[15]. La méditation est précisément cet exercice exigeant, dans l'attention de chaque instant qu'il exige, qui vise, progressivement, à assurer cette complémentarité ordonnée, dans leur jeu réciproque, donc une « viabilité » sans heurts et sans fixation, entre les concepts et la sensibilité[16].

Une telle viabilité est celle d'un processus intégré, dans le possible, où chaque condition pertinente trouve à s'exprimer dans un rapport équilibré aux autres conditions, aucune n'étant nécessaire, aucune ne venant figer le procès à l'œuvre. La méditation implique ce rapport

14 Le terme « non-agir », ici, ne doit pas être vu comme un emprunt fait aux traditions chinoises, qui devrait être justifié à ce titre, mais comme l'indication d'une façon dont la pensée essentielle d'un tournant modal pourrait être appropriée par des penseurs se réclamant des traditions chinoises.

15 La référence va ici à Malraux, qui oppose l'ordre des idées recherché par les Occidentaux à l'ordre de la sensibilité visé par les Chinois. Voir *La tentation de l'Occident*, Paris, Le Livre de Poche, p. 91. Mais il faut immédiatement souligner que l'ordre recherché par Descartes est simultanément un ordre des idées « et » de la sensibilité. Ce « je » qui est pensée est « une chose qui pense, c'est-à-dire qui doute, qui affirme, qui nie, qui connaît peu de choses, qui en ignore beaucoup, qui aime, qui hait, qui veut, qui ne veut pas, qui imagine aussi, et qui sent. » Début de la Troisième Méditation, Descartes, *Œuvres et lettres*, Paris, Gallimard, Pléiade, 1953, p. 284. Il serait sinon incompréhensible que son dernier ouvrage cherche justement à ordonner « Les passions de l'âme ». La recherche d'un ordre de complémentarité entre les idées et la sensibilité caractérise aussi la pensée européenne classique et moderne.

16 L'ordre d'une sensibilité demande à être cultivé par un refus conséquent du cynisme et de la flatterie, comme ce sera indiqué ci-dessous.

au possible, ouvrant une viabilité, par opposition à un procès qui joue dans l'extériorité, entre des conditions réifiées, saisies dans un regard objectivant, qui y voit de simples instruments à appliquer de façon stéréotypée ou opportuniste.

PORTÉE D'UNE « PHILOSOPHIE POLITIQUE » AU SENS CLASSIQUE

Aujourd'hui, une philosophie politique ne peut plus uniquement se concentrer sur le choix du meilleur régime ou le fondement adéquat de la dépendance juridique au souverain légitime.

Tout pouvoir, et parmi eux tout pouvoir politique, déploie une logique efficace qui exclut. Il est une force finie, qui interagit avec d'autres forces.

On ne peut plus, comme au temps de la guerre froide, opposer simplement les « bons » régimes, qui respectent les « droits de l'homme », et les « mauvais », qui ne le font pas.

Plutôt qu'une opposition tranchée, d'une identité à une identité ; d'un intérêt à un intérêt, dont nous savons, de plus, comment la bonne conscience alimente la violence, il convient aujourd'hui de chercher à « améliorer » les choses, de façon ponctuelle, pour les acteurs, dans la situation qui est la leur à chaque fois.

Nous savons que « la dynamique de fragmentation et de multiplication des identités politiques constitue également une tendance de fond de la modernité[17] », et comment celle-ci s'est accompagnée de l'ouverture de « fronts secondaires » : féminisme, écologie, anticolonialisme, etc.

C'est là rester dans le cadre de la question portant sur des « sujets » volitifs à émanciper. Si cette optique demeure indéniablement pertinente, il convient néanmoins de la relativiser.

Si la liberté « politique » est celle d'une « volonté » déterminée de façon nécessaire ; si l'universalité de cette liberté est liée à la nécessité de la détermination d'une volonté, telle que la philosophie la met en évidence, il est à craindre que cette volonté, poussée au bout d'elle-même,

17 Razmig Keucheyan, *Hémisphère gauche. Une cartographie des nouvelles pensées critiques*, Paris, La Découverte, 2017, p. 144.

ne ruine la liberté partagée, qu'elle n'est légitime qu'à poursuivre rationnellement, et à réaliser.

Parler de l'« Idée » d'un universel politique ne peut plus renvoyer, sans plus, à des « idéaux » politiques qui seraient universels dans et par la « détermination » nécessaire qu'ils mettent en avant, celle-ci étant portée par un processus historique finalisé, et lui-même nécessaire.

Il ne s'agit plus, plus seulement, de demander au philosophe quelle est la hiérarchie des formes de gouvernement[18], ou quel est le fondement de la souveraineté légitime, populaire ou autre.

On ne peut plus seulement mettre les volontés, déterminées en elles-mêmes, à la base, puis reconstruire un système de principes acceptables par ces volontés[19], qui se révèleront correspondre en partie avec les principes en vigueur dans le pays de celui qui écrit, dégageant, au mieux, une marge plausible pour des réformes juridiques.

Mais on ne peut pas non plus diluer jusqu'à la perdre l'expérience du philosophe, affirmant, sans plus, que « la genèse de la liberté est intersubjective », donc que la liberté est « nécessairement » et de part en part intersubjective[20], cela même si elle l'est manifestement en partie.

Peut-on dégager pour le philosophe une marge entre la participation active à la formation de la volonté démocratique (à quoi il est engagé « en tant que citoyen », non en tant que philosophe, s'il habite un pays démocratique) et « une sphère d'exploration éthique de soi, protégée d'une intrusion extérieure » (dont il a manifestement aussi besoin pour penser)[21] ?

Quelle sera l'expérience du philosophe, sa toge distinctive dans la cité ? Quel sera l'universel que lui seul pourra exprimer, sans pour autant devenir un « spécialiste » avec son domaine privé qu'il arpentera de façon exhaustive, sans qu'il devienne un « ingénieur[22] » du politique ou de la liberté, proposant des techniques de maximisation comptable ou

18 Il s'agit là du problème traditionnel, hérité de Platon et d'Aristote, qui s'infléchit avec le thème du contrat, à partir de Hobbes, et se retourne, mais pas avant Marx, pour prendre la forme de l'identification d'un « sujet » à émanciper.

19 Voir le dispositif du « voile d'ignorance » chez Rawls, *Théorie de la justice*, Paris, Seuil, 2009.

20 Axel Honneth, *Le Droit de la Liberté. Esquisse d'une éthicité démocratique*, Paris, Gallimard, 2015, p. 68 et 72.

21 Peut-on échapper à cette alternative appauvrissante, exprimée notamment par Honneth, *Idem*, p. 127 ?

22 Hannah Arendt, *Condition de l'Homme moderne*, Préface de Ricœur, p. 27.

des procédés destinés à obtenir des consensus entre les forces intéressées poursuivant simplement leurs logiques nécessaires ?

Il ne devra pas seulement offrir un savoir « utilisable » par une force. Et pourtant il ne sera pas simplement une « belle âme » que la pureté condamnerait à l'impuissance, donc à un acquiescement au pouvoir en place, pour lequel il deviendrait de toute façon inoffensif.

Non pas, donc, la liberté d'une volonté, telle ou telle, la liberté d'une volonté « nécessaire » dans sa détermination partielle, qui introduit un biais perspectif, qui ne peut qu'introduire un tel biais. Une telle liberté ne peut plus être désormais « universelle », en un sens philosophique acceptable.

Si le philosophe peut avoir un accès à l'universel, un accès que lui seul, à partir de son expérience distinctive, peut avoir, si le philosophe a son mot à dire, comme tel, ce sera désormais à partir d'une pensée de la contingence, d'une connaissance de la contingence qui est celle de toutes les conditions pertinentes, selon leur éventail le plus large. Ce sera une connaissance du processus contingent où s'inscrivent, chacune à sa place, toutes ces conditions.

L'EXPÉRIENCE DU PHILOSOPHE ET LA FIN DE L'ONTOLOGIE

UNE EXPÉRIENCE DE SAGESSE COMME EXPÉRIENCE DU POSSIBLE

L'expérience de sagesse, comme expérience d'un possible élémental qui est toujours accessible dans la situation singulière qui est la nôtre, en plus des possibilités ouvertes par des conditions définies, ne peut que réaliser ce qui est déjà là, dans cette situation.

Il ne s'agit pas d'une intuition intellectuelle au sens kantien. Elle est pur rapport au possible dans son effectivité, en tant qu'il permet la libre reconfiguration d'un ensemble de conditions qui semblait figé, et nécessaire.

Cette reconfiguration permet une viabilité au sein de l'élément du possible. Elle advient pour celui qui recherche une transformation intérieure, une réalisation, au terme d'une remontée en amont, qui permet le redéploiement, en un processus viable, qui les reprend en lui et les assume, de toutes les conditions pertinentes, et permet une liberté partagée des acteurs.

Il s'agit de libérer un processus de possible, une viabilité au sein de ce possible, et cela requiert une impartialité, donc la reconnaissance de toutes les conditions pertinentes dans leur contingence.

Il ne s'agit donc pas d'une intuition qui serait le fait d'un « sujet » en soi déterminé, mais d'un pur rapport de perspectives, en tant qu'il peut ouvrir un processus viable.

Ce n'est pas un « esprit », ce n'est pas « un » esprit (comme entité ontologique déterminée) qui devrait actualiser une réalité ultime qui lui serait extérieure, mais la conscience qui doit réaliser qu'elle n'est jamais déterminée de façon nécessaire par aucune condition. Une condition, comme attachement, n'est jamais nécessaire. De même qu'il n'est jamais nécessaire qu'un processus prenne la forme d'un enchaînement extérieur de conditions.

La connaissance de la contingence des conditions prend donc la forme d'un rapport au monde qui est assomption des logiques portées par ces conditions. L'assomption des logiques efficaces réalise une liberté partagée, qui est efficacité éthique.

L'expérience de l'élément du possible est connaissance de la contingence de tout le spectre des conditions pertinentes, des identités jusqu'aux intérêts.

Cette expérience permet de poser une condition effective, en amont, qui dégagera un potentiel, une propension active qui retombera en drapé, à l'encontre d'une réduction logique du possible, qui ne peut tolérer que des possibilités ouvertes par des conditions déterminées, et non à partir d'un élément actif de possible accessible en situation.

Il s'agit de dégager, préfigurer, repérer, les veinures ou s'esquisse une retombée du drapé.

Cette expérience, cette remontée vers l'élément du possible, permet une réélaboration des possibilités ouvertes, donc accessibles en contexte, dans le sens d'un élargissement du spectre motivationnel.

À l'encontre, donc, du discours moderne, universitaire, qui est celui des philosophes « de métier », il s'agit de proposer une « pratique » de sagesse, certes indissociable d'une théorie de la pratique, qui serait pratique de cette théorie.

Celui qui écrit se trouve pris dans ce qu'il écrit, dans l'ascèse de l'écriture, qui pourrait décider de sa vie.

Il s'agit donc d'une transformation pratique, et non spéculative.

La lucidité d'un penseur se joue dans son rapport aux conditions effectives, dans la situation qui est la sienne, et dans sa capacité à ouvrir un processus où elles seront toutes, à leur place, assumées.

Le mot de Kant, qui veut qu'il importe d'être digne d'être heureux plus que de l'être, vaut par la position qui fut la sienne, par la vie et le comportement qui furent les siens.

L'expérience du philosophe, retrouvée (même si elle est déplacée) après le moment inauguré par Nietzsche et Marx, se donne comme un rapport effectif à l'élément de possible actif dans une situation précise, selon la veinure qui sera apte à reprendre, de façon intégrée, le spectre le plus large de mobiles, dans un processus viable.

L'ASSOMPTION EST LE FAIT D'UNE SINGULARITÉ MORALE

La morale est ce champ qui s'ouvre pour la pensée à l'homme qui se sait seul face à la mort[1].

Dans cette perspective[2], il « connaît » toutes choses, et particulièrement les conditions, les mobiles de l'action humaine, comme irrémédiablement contingentes. Face à la mort, rien n'est plus nécessaire. Et celle-ci même arrivera de manière contingente, « par rencontre » dit Sartre[3].

Fixer la mort fermement, résolument, exige un retrait par rapport aux routines qui font l'ordinaire de l'existence, et de se tenir en amont, dans la latence, dans ce qui est une expérience du possible comme élément.

Cette expérience est le fruit de la discipline que demande une pensée conséquente de la mort. Dans cette pensée, l'homme sait qu'une seule chose est plus importante que sa mort, c'est la discipline qu'il s'impose à lui-même, conformément à une décision morale, qui donne sens à sa vie.

Le rapport à la mort, qui se traduit dans une expérience de l'élément du possible, est ce qu'il y a de plus égalitaire. Tout homme peut se poser dans un tel rapport. Il est en même temps le plus exigeant.

---

1 Ce qui est dit ici du rapport à la mort peut prendre sens sur le fond de et par contraste avec ce que dit Heidegger dans *Être et temps*, aux paragraphes 46 *sqq.* Sa pensée de l'authenticité ne peut pas simplement être lue comme préfigurant et certainement pas comme impliquant le contenu du *Discours du rectorat* (où il est question d'une « décision » relative à l'« esprit » d'un « peuple », qui veut la « grandeur » de ce peuple, au sens de sa « puissance »), même si cette question est vouée à hanter les héritiers. Voir Heidegger, *Écrits politiques (1933-1966)*, traduction François Fédier, Paris, Gallimard, 1995, p. 104.

2 Chez Heidegger, la mort est pensée comme la possibilité la plus propre (*eigentlich*) du Dasein, et son rapport à celle-ci comme « *das Sein zum eigensten, unbezüglichen und unüberholbaren Seinkönen* » (« l'être vers le pouvoir-être le plus propre, sans relation et indépassable » de ce Dasein) (§ 52, page 255 de l'édition allemande. Je garde la traduction de Vezin, Paris, Gallimard, 1986, p. 310). Mais Heidegger reste pris dans la dualité de l'être-avec et de l'être soi-même, c'est-à-dire dans un questionnement ontologique, lié à une problématique existentiale. Autrement dit, la détermination reste antérieure au possible (fût-elle pensée comme existential). Par contre, la possibilité de la mort est ici même « éprouvée » « comme » un « détachement » par rapport à toutes les conditions pertinentes, qui est « connaissance » de leur « contingence ».

3 *La nausée*, Paris, Folio, 1972.

Dans le rapport à la mort (qui n'est pas « expérience » de celle-ci, mais de sa « possibilité ») se dégage ce que l'on appelle souvent une « force », la force morale, qui est en réalité la force la plus humble, puisqu'elle est uniquement connaissance de sa finitude, qui lui fait regarder toute condition comme contingente. Plutôt qu'une force, elle est, à proprement parler, ce point connu et éprouvé où « toutes » les forces s'annulent.

Loin que sa finitude se conforte et se « fuie » dans la supposition de déterminations nécessaires qui lui seraient extérieures, l'homme sait que cette finitude, traduite dans l'expérience du possible comme élément, implique en réalité la contingence de toutes les conditions pertinentes, dans la situation qui est la sienne.

Aucune « détermination » n'est nécessaire, et toutes se trouvent relativisées dans cette expérience du possible, qui libère, en aval, un processus qui pourra prendre place et se dérouler de façon « intégrée », donc « assumée ».

Parce que la fin est imminente, l'on trouve les ressources pour dégager une viabilité au sein du possible, à partir de la position de retrait liée à la pensée de cette fin.

Si la discipline donne sens à une vie consciente de sa finitude, c'est qu'elle n'est pas une norme plaquée de l'extérieur sur le vivant. Elle est la chance d'une « intégrité » pour celui qui se ressaisit comme une « singularité » dans un sens moral.

Cette intégrité se déploie, non seulement comme « pensée ordonnée », mais également (et dans le même mouvement), comme « sensibilité ordonnée ».

Cette dernière recule notamment devant deux choses : le cynisme de la force (qui prend avantage des plus faibles pour la seule raison qu'elle en a les moyens) et la flatterie ou la corruption (donc au sens large la publicité, la propagande, tout ce qui vise à manipuler ou instrumentaliser autrui, si l'on garde à l'esprit que des principes moraux peuvent aussi être instrumentalisés).

Elle recule, en un mot, devant la médiocrité qui rend esclave.

L'intégrité morale, réalisée par une sensibilité ordonnée liée à une pensée ordonnée, est la connaissance d'un homme seul. Un groupe, quel qu'il soit, prédéterminé dans une condition qui serait une détermination nécessaire, ethnique, nationale, religieuse, porteur d'un intérêt moral, fiduciaire, de connaissance, ou autre, ne peut que se mouvoir toujours

« déjà » dans l'occultation de l'élément de possible, car la pensée de la mort qui est la sienne (s'il en a jamais une) ne peut être qu'abstraite.

Cette abstraction hypostasie la mort comme quelque chose d'extérieur à celui qui la pense[4], et qui sera, dès lors, porté à rechercher quelque chose de nécessaire (une détermination) à lui opposer, quelque chose qui le renferme dans un non-rapport à la mort, que ce soit pour la hâter ou pour la fuir.

La pensée de la mort n'a besoin ni de la hâter ni de la fuir, puisqu'elle sait qu'elle est en réalité toujours déjà là, en nous, comme cette fissure oubliée, dont nous vivons.

Dans cette fissure se joue l'expérience du possible comme élément, traduite dans une « intégrité » qui est celle d'une « singularité » morale. Cette expérience n'est possible qu'à partir d'une connaissance singulière de toutes les conditions, identités et intérêts, qui ne peuvent, pour tel ou tel groupe, que se tenir dans l'abstraction de leur détermination intrinsèque.

Pour cette singularité, la moralité de l'action n'est jamais quelque chose que l'on peut attendre d'autrui, seulement ce que l'on doit exiger de soi-même.

Si l'indignité des personnes n'est jamais tout-à-fait évitable, si même elle est, dans les faits, extrêmement répandue, cela ne veut pas dire qu'elle soit une fatalité, seulement que la dignité d'une personne est irrépétable (ce que j'appelle « singularité »), et en même temps non pas soustraite à la contingence, mais précisément connaissance contingente de toutes les conditions comme contingentes.

La liberté morale demande d'abandonner un regard objectivant dirigé de l'extérieur sur la réalité sociale. Elle demande un rapport pondéré à toutes les conditions pertinentes, afin de libérer un processus éthique. Cela ne veut bien sûr pas dire que la pensée devra prendre l'allure d'une thématisation explicite de ces conditions. Ce qui compte est ce que « réalisera », en contexte, cette pensée.

Et cette réalisation doit être une « assomption » des conditions efficaces qui menacent, par les cohérences de plus en plus fortes des logiques mises en œuvre, d'engendrer des injustices systématiques.

---

4 Heidegger a raison de critiquer un tel rapport extérieur à la mort, et de reconnaître que celle-ci appartient d'emblée au Dasein comme sa possibilité la plus propre. Voir *Être et temps*, Paris, Gallimard, 1986, § 46 *sqq.*

Le « fondement » d'un ordre social, que ce soit sous la forme d'un contrat ou autre, doit étayer une détermination nécessaire, qu'elle se propose de légitimer. Pourtant, quelle que soit cette détermination, sa nécessité ne peut que se dresser face à celle des autres conditions.

Chercher un ordre des « raisons » politiques, autour d'une détermination nécessaire donnée, risque de sombrer dans l'arbitraire tant que l'on n'exige pas, en regard, une « sensibilité » ordonnée. Sans cette moralité personnellement vécue d'une singularité, tout fondement se dérobe ; en même temps que chacun, dans une décision d'existence, peut toucher ce point subtil et fuyant où la pensée morale, incarnée, se leste d'une densité politique.

La morale ne peut donc s'en tenir à une universalisation des maximes, de même qu'elle ne se tient ni au-dessus ni au-dessous du droit, mais elle tient un droit donné, tout droit donné, comme déployant une logique efficace parmi d'autres logiques efficaces, qu'elle tentera d'équilibrer, d'après son expérience du possible, en contexte.

Un peuple, une ethnie, une minorité, un groupe social, une communauté de recherche, etc., ne sont pas déterminés de façon nécessaire « en-dehors » d'un rapport possible à ces identités, ouvert pour une singularité morale.

Celle-ci devra donc reprendre en elle, dans la pensée, l'ensemble des conditions pertinentes, dénouer ce qui se donnait de prime abord, à un œil inexercé, comme une nécessité, une contrainte qu'elle ne pourrait que subir ou qu'elle serait appelée à connaître ou reconnaître comme nécessairement sienne, comme l'exprimant de façon nécessaire.

En particulier, cette singularité devra reconnaître que la violence, qui ne peut que détruire la sensibilité dans son ordre, n'est elle-même jamais « nécessaire », cela non que la violence soit toujours un mal, mais parce que « le mal ne se maintient que par la violence[5] ».

Ainsi, à Machiavel, qui affirme « j'aime ma patrie plus que ma vie[6] », il faut répondre « j'aime l'ordre d'une sensibilité rationnelle, donc la connaissance d'une singularité morale, plus que l'usage de la violence qui pourrait être requis par une détermination présentée sans examen, reçue

5 Gandhi, « Le mal ne se maintient que par la violence », suivi de, Dalaï Lama, « La vérité est la seule arme dont nous disposons », Paris, Seuil, Points, 2009.

6 Machiavel, lettre à Vettori, 16 avril 1527. Voir Hannah Arendt, *Juger. Sur la philosophie politique de Kant*, Paris, Seuil, Points Essais, 1991, p. 82.

de l'extérieur, comme nécessaire ». Cela implique que cette singularité sera prête à donner sa vie plutôt que de recourir elle-même à la violence.

Non pas, donc, tenir l'appartenance à tel groupe, avec la polarisation ami-ennemi qu'elle suppose, pour nécessaire, mais replacer cette détermination, précisément depuis l'intimité avec la mort d'une pensée, dans le spectre équilibré des mobiles pertinents, donc effectifs, en contexte.

La discipline d'une singularité morale se fait dans l'imminence de l'éminence, la mort elle-même. Elle demande un exercice, une ascèse, qui prend la forme d'une « méditation[7] ».

PATIENCE DE LA MÉDITATION, MÉDITATION DE LA PATIENCE

Intégrité et unité

Le geste qui fut celui de Socrate, du Bouddha et de Confucius, d'expliciter la connaissance dans sa dimension morale, de réélaborer puissamment ce qu'est un « savoir » pour autant qu'il implique (autant qu'il déplique) cette dimension, ne peut simplement être « répété ». Il n'a pas non plus à être rappelé dans une étude historique et objectivante, qui le détruirait, en faisant une curiosité d'amateur. Il s'agit de mesurer leur geste, et d'en retrouver la portée.

Une telle expérience peut-elle être actualisée aujourd'hui, dans ce qui constitue le savoir effectif, et efficace[8], de l'époque ?

Rechercher celle-ci demande un exercice défini et spécifique, qui peut être appelé « méditation ».

Il s'agit d'une remontée, depuis la situation concrète qui est la nôtre, vers l'amont, vers une dimension de latence où elle se configure. Cette

7 Cela consonne avec le travail de Pierre Hadot sur la philosophie comme mode de vie, en particulier dans l'Antiquité, mais bien au-delà, s'il faut reconnaître avec lui que cet aspect ne s'est perdu que relativement tardivement, avec l'institution de la philosophie comme « profession », dans l'université. Voir *La philosophie comme manière de vivre*, Paris, Albin Michel, Le livre de Poche, 2001 et *Exercices spirituels et philosophie antique*, Paris, Albin Michel, 2002.

8 L'efficacité consiste à atteindre des buts doués de sens ; l'effectivité est la liberté partagée des acteurs impliqués, à partir de l'élément de possible à l'œuvre ; l'efficience est l'efficacité conciliée avec l'effectivité. Voir mon livre, *Le potentiel éthique de l'efficacité*, Londres, ISTE, 2015.

remontée prend sens depuis l'appréhension d'une mort « sans cesse imminente », qui est « ma » mort. Elle s'accomplit dans un rapport vécu à l'élément du possible qui traverse la situation, ainsi que tous les acteurs, et qui signifie qu'aucun être, aucun objet trouvé dans cette situation n'est « en soi » prédéterminé de façon nécessaire. Si on les trouve toujours déjà déterminés, c'est qu'il nous revient de les connaître, au terme d'une remontée vers l'amont, comme tous et de part en part contingents.

Cela demande de se détourner de l'ontologie.

L'on médite, non pas pour s'assurer la saisie d'un « esprit » qui serait une « unité » ontologique déjà déterminée, « moi », donnée comme nécessaire dans sa détermination, « unité » qui serait une « force » opposée à d'autres forces, elles-mêmes déterminées de façon nécessaire.

Méditation, non pas d'une « unité », mais d'une « intégrité », qui est celle d'une singularité morale.

Celle-ci se traduit dans une viabilité du possible à l'œuvre, c'est-à-dire dans un ordre qui est celui de l'entendement, inscrit dans un ordre qui est celui de la sensibilité.

La sensibilité fuit le cynisme de la force et les diverses formes de la flatterie, évitant ainsi toute fixation, tout arrêt sur une détermination ontologique du possible.

À une pensée ontologique, avec la détermination d'une vérité-correspondance qu'elle porte, répond une pensée effective-processuelle, ouvrant sur une viabilité du possible comme processus intégré, qui reprend en lui toutes les conditions effectives, chacune à sa place, et les « assume ».

C'est cela que signifie l'antériorité du possible sur les déterminations, qui est la marque d'un tournant modal.

Il s'agit de poser une condition, en amont, attestant de la remontée, depuis laquelle chacun des acteurs pourra, en aval, s'approprier, réaliser les conditions où il se reconnaît[9].

Ainsi, la connaissance participe de la redéfinition constante de la chose (êtres, objets, donnés dans la situation), étant elle-même sans cesse remise en cause dans cette redéfinition.

---

9 On pourrait dire, à la manière d'Amartya Sen, « poursuivre des buts qu'il a des raisons de valoriser ». Voir, notamment, *Rationalité et liberté en économie*, Paris, Odile Jacob, 2005, chapitre 1.

Par contraste, l'ontologie découvre une « détermination » qui est déjà celle de la chose, ou celle de la donation nécessaire de la chose à un sujet fini.

Remettre en jeu ce qui se donne comme déterminé est la dimension active de la méditation, qui ne se contente pas d'un « pathos », d'une passion, d'un subir (comme a pu être présenté le « *thaumazein* » des anciens[10]).

Il ne s'agit pas de prévoir un état de choses, mais d'assurer une viabilité, d'ouvrir un processus éthique (donc ni subir les conditions, ni les instrumentaliser).

Dans la méditation, aucune condition (identité ou intérêt) n'est en mesure de déterminer, de s'imposer à la conscience de façon exclusive.

En même temps, il y a un « poids » de chaque condition, celui précisément qui les rend effectives, en contexte, donc pertinentes (dans leur efficacité).

Il s'agit de les considérer[11] de façon purement active, sans quelqu'un qui voit, et sans personne pour agir, sans action violente, ni subie, pure ouverture d'un procès viable, assumé (intégré).

La méditation voit, dans une condition, non pas une détermination de la conscience, mais le résumé d'une tendance qui est à l'œuvre dans le possible (qui n'épuise pourtant pas cette tendance).

Non pas, donc, une unité, mais une intégrité traduite dans une intensité vécue, qui est, en toute rigueur, une « intensité négative ».

Cela répond, en s'en distançant, au négatif dans sa formulation hégélienne, qui constitue le moteur d'un processus historique, unifié, finalisé, et en cela universel. Le négatif relève pour lui une détermination nécessaire dans une autre détermination nécessaire, dans une altération qui est subie par le Sujet, qui se retrouve, en lui-même, après être passé dans l'Autre.

Non pas, donc, altération subie, au terme de laquelle le Sujet se retrouverait, en soi et pour soi, réconcilié dans le phénomène avec sa vérité logique.

---

10 Hannah Arendt, *Qu'est-ce que la politique ?*, Paris, Seuil, 2014, p. 89.

11 Il s'agit ici de payer un tribut à Platon et Descartes notamment (que l'on caricature si facilement, en les rendant responsables d'à peu près tout ce qui ne va pas aujourd'hui), sans pour autant « répéter » simplement leur geste (avec le paradigme du voir, dont Derrida a pu montrer les limites).

L'intensité, nullement subie, est « connaissance » de la contingence irréductible de toutes les conditions effectives, et peut donc, de l'extérieur, être vue comme ce qui pourrait s'appeler improprement « force » morale.

Connaissance de cette contingence, elle est « négative », non pas une « force » négative, mais un rapport équilibré à toutes les conditions, selon le spectre le plus large, qui est intensité pure, et pourtant, comme non ontologique, ne saurait être une « force », la force d'« une » unité (esprit ou autre), exprimant une détermination nécessaire (qui occulte les autres).

Cette remontée dans le possible est un exercice, une « ascèse », et peut, à ce titre, être dite « méditation ».

Nommer cette remontée ainsi n'a rien d'anodin. Cela revient à introduire une allusion, non seulement à des théories européennes majeures (pensons à Descartes), mais aussi à des pratiques historiquement liées à des doctrines apparues en Asie (Bouddhismes, Confucianismes, Taoïsmes), et donc à ces doctrines elles-mêmes, qui ne sont pas séparables de ces pratiques.

Il ne s'agit pas ici de faire des emprunts, ni de tomber dans un syncrétisme bigarré, mais d'indiquer une piste, une manière selon laquelle l'idée d'un tournant modal pourrait être appropriée « depuis » ces lieux de savoir et de pratique, dégager donc un « lieu » pour une rencontre pensante des lointains.

« Méditation » dit bien, dans ce contexte, un tel lieu d'une rencontre renouvelée. Non pas une invitation à reprendre, telle quelle, une pratique pour la transposer, telle une greffe, mais retrouver un sens de l'expérience philosophique, devenue impossible, et contradictoire, depuis le moment incarné par Nietzsche et Marx.

« Méditation » signifie, de façon essentielle, qu'un ordre des idées doit être intégré à un ordre de la sensibilité, ni plus, ni moins[12].

Cela conduit à une compréhension adéquate de la distinction, essentielle au Mahayana, mais présente aussi chez des Confucéens (par exemple

12 Cette exigence, reconnue et exprimée par Malraux, amène à relativiser le jugement porté par Hegel, et si souvent repris après lui, qui reproche aux textes chinois de manquer de « systématicité ». Voir Michel Hulin, *Hegel et l'Orient*, Paris, Vrin, 2013. Ce qui apparaît à un jugement précipité comme une faiblesse peut aussi se révéler lié à ce que doit « opérer » un texte philosophique dans la Chine classique : « former » une sensibilité, de façon à permettre une réaction adaptée à chaque fois en contexte.

Zhang Zai[13], qui connaissait bien le Bouddhisme) des deux vérités[14]. La vérité conventionnelle (*samvrti-satya*), valable comme ordre des idées, doit être comprise et exprimée « depuis » la vérité ultime (*paramartha-satya*), cette dernière traduisant un détachement par rapport à « toute » position d'être (*sat*) ou de non-être (*asat*) (donc toute position ontologique). La vérité ultime, en réalité, consiste à « connaître » la connaissance conventionnelle « comme » conventionnelle. Elle n'est pas quelque chose d'autre, quelque chose d'extérieur à la vérité conventionnelle. Elle est connaissance du statut de vérité de la vérité conventionnelle. Elle exprime un ordre des idées « en tant » qu'intégré à un ordre de la sensibilité, celui-ci demandant le détachement par rapport à toute condition, qui doit à chaque fois être « connue » comme contingente, donc pensée « autrement » que de façon ontologique (être/non-être).

La différence essentielle avec le contexte qui est le nôtre est que ce n'est plus une « causalité » qui est à assumer, dans laquelle l'effet est d'une façon ou d'une autre proportionnel à la cause, mais des logiques imprévisibles dans leur amplification, où de petites causes peuvent avoir de très grands effets.

Non pas, donc, la fatalité d'une compensation, d'une dette reconduite à l'infini (donc le *karman*[15]), mais celle d'une dissociation accélérée, sans limite assignable.

La méditation recueille, rassemble, ce qui sera, une fois laissé à lui-même, déployé de façon intégrée, donc assumé.

Elle rend chaque condition à se contingence. Elle consiste à les scruter ensemble, dans leurs rapports au possible, et à dégager une intensité négative, celle de l'expérience philosophique.

---

13 Voir Anne Cheng, *Histoire de la pensée chinoise*, Paris, Seuil, 1997, p. 461 : différence entre la « connaissance issue de la vue et de l'ouïe » et la « connaissance propre à la nature morale ».

14 La référence va bien sûr à Nagarjuna, *Stances du Milieu par excellence*, traduction Guy Bugault, Paris, Gallimard, 2002. Mais son influence s'étend sur tous les territoires touchés par l'expansion bouddhique. Voir Thakchoe Sonam, "The Theory of Two Truths in India", *The Stanford Encyclopedia of Philosophy* (Spring 2017 Edition), Edward N. Zalta (ed.) et Thakchoe Sonam, "The Theory of Two Truths in Tibet", *The Stanford Encyclopedia of Philosophy* (Spring 2017 Edition), Edward N. Zalta (ed.).

15 Il faut ici souligner un point qui est souvent occulté : le *karman* n'est que l'une des cinq causalités actives repérées par le Bouddha. Aucune des cinq ne saurait être écartée ni ramenée à une autre. Voir Môhan Wijayaratna, *Sermons du Bouddha*, Paris, Seuil, 2006, p. 121 *sqq*.

L'ordre des idées ne pourra, dès lors, plus dissimuler dans l'implicite le moindre attachement ontologique.

LE NON-AGIR : LE MOMENT MORAL DANS SA DIMENSION EXEMPLAIRE (UNE PENSÉE ORDONNÉE DANS UNE SENSIBILITÉ ORDONNÉE)

L'universalité d'une telle expérience ne peut être simplement supposée. Elle doit être testée et affermie dans un élargissement du champ de la réflexion.

Un moment de cet élargissement se joue indéniablement dans une confrontation avec les traditions chinoises.

Il faudra ici éviter d'entériner des cadres préconçus qui ne peuvent aboutir qu'à des « comparaisons ».

Par exemple, l'on ne peut simplement supposer qu'une « spiritualité » chinoise s'opposerait à un « matérialisme » occidental. Si l'on ne peut cantonner les pensées chinoises classiques à la « sainteté intérieure » (*nei sheng*, 内聖) (qui est toujours présentée comme complémentaire de la « royauté extérieure » (*wai wang*, 外王)[16]), il faut remarquer que les traditions européennes sont riches de ressources morales considérables.

L'enjeu sera ainsi la préparation d'un espace pour une rencontre, où les deux mondes ne seront pas hiérarchisés, ni ramenés l'un à l'autre, ni, surtout, « comparés ». Non pas, donc, une synthèse, ni un choix sélectif de ce qui nous intéresse, ici et là, pour « corriger » l'un par l'autre.

Il faut être profondément européen, profondément grec, pour rencontrer la pensée chinoise[17].

Cette rencontre cherchera une « symbiose », une harmonisation mutuelle.

Il s'agira de « connaître » cette rencontre comme elle-même contingente, ouvrant la possibilité d'un positionnement réciproque, d'un ajustement créatif qui ne trahisse pas les expériences transmises, de part et d'autre.

---

16 Voir notamment MOU Zongsan, *Spécificités de la philosophie chinoise*, Paris, Cerf, 2003.

17 François Jullien le reconnaît déjà, *De l'universel, de l'uniforme, du commun et du dialogue entre les cultures*, Paris, Fayard, 2008.

Le cadre d'une telle rencontre ne peut être présupposé, comme déjà donné, dans le monde objectif. Si donc l'on ne veut pas choisir arbitrairement, de part et d'autre, bigarrer, contaminer, donc nier tel ou tel aspect, la rencontre devra prendre place au niveau de la pensée.

Il faudra montrer comment un rapport vécu à l'élément du possible à l'œuvre en contexte est en jeu dans la référence active à des textes classiques, proches ou lointains.

Il ne s'agira donc pas de syncrétisme, mais d'ouvrir le lieu d'une rencontre, d'une « tangence », qui soit l'occasion d'une remise en question, d'une remise en mouvement de l'universel.

Une chose frappa quelqu'un comme LIANG Shuming[18] dans la rencontre brutale de la Chine avec l'Europe conquérante. Par-delà la différence évidente au niveau de la « force » pure, de l'efficacité des techniques mises en œuvre, notamment au niveau militaire, c'est un autre aspect qui retient son attention.

Pour la Chine, fermée sur ses traditions, « la compétition effrénée pour le pouvoir et l'argent était moralement inférieure. » Le problème n'était donc pas relatif à des « lois inférieures », mais à des « hommes inférieurs[19] ». Et il était insupportable que l'exigence morale des chinois soit la cause de la faiblesse qui les livrait aux conquérants Occidentaux.

Cette exigence morale était nourrie du Confucianisme traditionnel. Elle trouve sa formulation classique dans un extrait des *Entretiens*, où la Maître dit : « À quinze ans, je résolus d'apprendre. À trente ans, j'étais debout dans la Voie. À quarante ans, je n'éprouvais plus aucun doute. À cinquante ans, je connaissais le décret du Ciel. À soixante ans, j'avais une oreille parfaitement accordée. À soixante-dix ans, j'agissais selon les désirs de mon cœur, sans pour autant transgresser aucune règle[20]. »

Une telle exigence ne se contente pas d'un ordre des raisons ; elle demande également un ordre de la sensibilité[21].

Le penseur ne peut donc se contenter d'énoncer des maximes universelles, selon une généralité purement rationnelle. Il doit former sa sensibilité de façon à pouvoir répondre spontanément de façon adéquate à une situation nouvelle, telle qu'elle se présente.

---

18 Guy Alitto, *The Last Confucian. Liang Shuming and the Chinese Dilemma of Modernity*, Berkeley, Los Angeles, London, University of California Press, 1986.

19 Voir Guy Alitto, *Idem*, p. 39 et 40.

20 *Les Entretiens de Confucius*, traduction Anne Cheng, Paris, Seuil, 1981, II, 4.

21 Voir le passage très lucide de Malraux, dans *La tentation de l'Occident*, Paris, Grasset, 1926

Si la pensée confucéenne peut être vue comme de part en part politique, c'est précisément à partir de cette exigence d'une sensibilité ordonnée.

Rappelons qu'Hannah Arendt avait repéré la Troisième Critique comme étant le lieu où s'exprime de la façon la plus nette la philosophie politique de Kant[22].

Or, il n'est pas anodin qu'au centre des analyses portant sur l'esthétique qui composent ce livre, dans sa première partie, l'on trouve le concept d'un accord de la sensibilité et de l'entendement dans leur libre jeu, comme mise en jeu d'une finalité sans fin (*Zweckmä*ßigkeit *ohne Zweck)*[23].

Ce qui nous intéresse ici, ce n'est pas la sensibilité comme forme pure (celle de l'espace et du temps), si importante dans la Première Critique[24], mais la sensibilité dans sa dimension morale possible.

Cela, non pas comme « sympathie » ouvrant une communication des émotions, comme dans la tradition écossaise par exemple, mais comme ascèse offrant des repères pour maintenir un processus de possible dans sa viabilité.

Les repères pour une culture de la sensibilité sont simples : mépris du cynisme de la force ; mépris de la flatterie sous toutes ses formes.

Pourtant, une telle délicatesse de la sensibilité, loin de vouer la pensée à l'impuissance, lui donne les moyens de sa réalisation, de sa traduction concrète, ouvrant un accès à l'élément de possible, tel qu'il traverse la situation où est impliqué le penseur. Elle le fait alors en tant que « sincérité ».

Une telle libération d'un potentiel de viabilité peut être lue comme un « non-agir » (*wu wei*, 無為). Dans la tradition chinoise, cette notion est d'abord une arme forgée par les Taoïstes contre les Confucéens.

Pour Lao zi, les vertus prônées par les Confucéens, la vertu d'humanité (*ren*, 仁) et la justice (*yi*, 義), sont un « agir » (*wei*, 為). Tentant de restaurer ces vertus, ceux-ci démontrent simplement le fait qu'elles sont déjà perdues[25].

---

22 Hannah Arendt, *Juger. Sur la philosophie politique de Kant*, Paris, Seuil, 1991.

23 Kant, *Critique de la Faculté de Juger*, traduction Philonenko, Paris, Vrin, 1984, notamment le § 9.

24 Kant, *Critique de la Raison Pure*, traduction Alain Renaut, Paris, Aubier, 1997, « Esthétique transcendantale ».

25 Laozi, *La Voie et sa Vertu*, traduction François Houang et Pierre Leyris, Paris, Seuil, 2009, § 18 et 19.

L'idée des Taoïstes est qu'un « non-agir », donc le fait d'éviter non pas toute action, mais une action « violente », qui interférerait avec la spontanéité des êtres, est la seule voie pour échapper aux troubles de l'époque (celle des « Royaumes combattants »).

Ne pas interférer, ne pas contraindre, mais laisser s'exprimer la spontanéité des êtres, et l'on atteindra l'harmonie sociale. Agir est, de façon certaine, ruiner la réussite de l'action, car celle-ci, dans sa violence, ne peut que susciter une violence plus grande en retour.

Pourtant, opposer simplement un « non-agir » taoïste à l'« agir » confucéen serait réducteur. Quelqu'un comme Zhang Zai (1020-1078)[26] voudra concilier les deux. L'esprit de l'homme, en tant qu'il est capable de se rapporter au Ciel, est capable d'une connaissance intuitive que Zhang Zai nomme « la connaissance propre à la nature morale » (*de xing suo zhi*, 德性所知), en opposition à « la connaissance issue de la vue et de l'ouïe » (*jian wen zhi zhi*, 見聞之知)[27].

Plus qu'un « non agir » compris littéralement et abstraitement comme le fait de s'abstenir d'agir, qui serait « distinct de » et « opposé à » l'agir, la connaissance qu'apporte un rapport intuitif à la Voie est bien un agir (à même de mettre en œuvre les vertus confucéennes), et en même temps tout autre chose que la violence que pourrait constituer l'application dénuée de discernement d'une connaissance issue des sens.

Le « non-agir », donc, est différent d'un pâtir. Il est en réalité une connaissance morale incarnée par une singularité morale.

Si l'enjeu est d'échapper à la nécessité d'une pensée ontologique d'un « moi » essentiellement intéressé, ou de « l'esprit d'un peuple » déterminé subjectivement (en soi), sa prise en compte passe par le fait d'assurer la pensabilité de cela, de ce moment moral, et de cette exemplarité dans l'intégrité.

Dans un tel ordre de la sensibilité doit pouvoir s'intégrer un ordre des raisons. Ce sera, non pas une connaissance par les causes, mais la connaissance de toutes les conditions actives, avec leurs logiques efficaces, comme contingentes.

Se rapporter à l'élément du possible actif en situation, avec l'assomption qu'il permet, veut dire que toute la possibilité de conditions définies ne

---

26 Il n'est pas le seul néoconfucéen des Song à le faire. Pensons à Zhou Dunyi.

27 Voir, Anne Cheng, *Histoire de la pensée chinoise*, Paris, Seuil, 1997, p. 460-461.

vient pas exclusivement de, n'est pas exclusivement ouverte par d'autres conditions définies (qui offriraient un jeu réglé dans l'extériorité).

Si toute la possibilité d'une condition vient d'autres conditions, un ordre des raisons se suffit à lui-même. Si, par contre, il y a un excès du possible, qui fait que la possibilité de chaque condition requiert, en plus des autres conditions, de retrouver un sens de l'élément de possible, alors un ordre de la sensibilité est requis pour assurer la viabilité de ce possible.

Assurer cette viabilité sera « assumer » les conditions pertinentes, et donc permettre leur effectivité, en plus de leur efficacité[28].

Un « non-agir », comme connaissance de la contingence des conditions, assurant cette viabilité, en ouvrant un processus intégré de possible, dans la latence, dessinera une « retombée du drapé », où les conditions ne seront plus subies comme des contraintes nécessaires, mais connues, simplement, dans leur contingence.

---

28 Qu'il me soit permis de renvoyer à mon livre, *Le potentiel éthique de l'efficacité*, Londres, ISTE éditions, 2015, où je distingue « efficacité » (aptitude à atteindre des fins dotées de sens), « effectivité » (liberté partagée des acteurs concernés) et « efficience » (efficacité conciliée avec l'effectivité).

SIGNIFICATION D'UN TOURNANT MODAL POUR LA PHILOSOPHIE POLITIQUE

LA VIABILITÉ D'UN PROCESSUS COMPRISE COMME RETOMBÉE DU DRAPÉ

Le but n'est pas ici d'atteindre à l'Inconditionné (selon le rêve chimérique dénoncé par Kant). Il s'agit d'un rapport aux conditions qui libère une certaine viabilité de façon à laisser se dérouler un processus selon sa propension, mais d'une manière intégrée (selon laquelle les conditions seront donc assumées).

Il nous faut penser non pas une totalité qui se donnerait comme un ordre fermé en un seul plan, où seules des conditions possibiliseraient des conditions (un ordre purement rationnel), mais une propension à l'œuvre dans le possible, qui permettrait l'expression du spectre le plus large de conditions (identités et intérêts).

À partir du possible, tel qu'il est à l'œuvre en situation, il faudra dégager une viabilité au sein de ce possible, libérer un potentiel latent, qui sera exprimé en aval.

Toute la différence entre des conditions subies et des conditions assumées (connues comme contingentes) se joue dans cette viabilité sans heurt du possible (par opposition à une articulation externe de déterminations nécessaires).

Le rapport au possible, en amont des déterminations factuelles, peut amener une reconfiguration des possibles. L'élément du possible peut être vu comme une ouverture compossibilisante, dans la latence, qui ouvre une viabilité. Il redéfinit le champ où les conditions sont appropriables et réalisables, en aval.

Cette continuité s'oppose à ce qui serait pensable comme « unité » ontologique, dans un plan rationnel fermé.

La retombée du drapé désigne la façon dont les différents groupes concernés vont s'approprier, chacun, la ou les conditions qu'ils font leur, où ils se reconnaissent (donc la condition, pour le dire avec Sen, « qu'ils ont des raisons de valoriser » à chaque fois, identité ou intérêt).

À partir d'une condition posée en amont (qui témoigne d'une remontée dans le possible), toutes les conditions pertinentes vont être reprises et réalisées par les acteurs, chacun à sa place. Cette condition devra donc opérer une compossibilisation des identités et des intérêts, en aval, permettant à chaque groupe d'exprimer sa condition de façon intégrée.

La structure d'un processus éthique est telle que, pour être efficaces, les acteurs devront intégrer leur condition (leur but particulier) à celui-ci.

Les perspectives adoptées par les acteurs, en aval, pour légitimer et réaliser leurs conditions, seront structurellement liées à la compossibilisation opérée dans la remontée en amont.

En aval, selon la pluralité des déterminations, les sujets s'approprient une connaissance partielle (où seules certaines conditions seront contingentes), selon leurs attachements respectifs.

N'oublions pas que chaque condition est une identité (exprimée comme appartenance nationale, ethnique, de genre, à une minorité spécifique,…) ou un intérêt (altruiste, égoïste, de connaissance, d'une entreprise ou d'un groupe défini) qui se traduit à chaque fois dans une logique d'action qui ferme un plan rationnel cohérent où le possible comme élément en vient à être occulté au profit d'un jeu externe, technique, de déterminations nécessaires qui deviennent abstraites.

Sans s'y attarder, il faut souligner que cette pensée du processus éthique efficace est à même de relativiser des oppositions aussi structurelles dans nos représentations que celles du fait et du droit ; de l'infra et des superstructures ; de l'empirique et du transcendantal ; du naturel et du positif[1]. Dans chaque cas, il ne faut plus considérer un plan objectif fermé et trouvé déjà déterminé en lui-même, comme tel (ontologiquement) : au contraire, par exemple, les faits et les lois pertinentes dans la situation qui est la nôtre seront repris et intégrés dans un processus, à partir d'une latence libérée dans une remontée en amont, et qui permettra leur expression intégrée.

De même, des démarches comme le New Public Management ou Law and Economics, qui ne visent qu'à une maximisation d'indicateurs

1 Voir mon *La liberté comme processus éthique*, Londres, ISTE, 2018.

chiffrés, seront dénoncées comme partiales et unilatérales, puisqu'une maximisation ne peut se déployer que dans un plan rationnel homogène et fermé sur lui-même, appauvri dans sa référence, qui exclut *a priori* tous les autres plans exprimant d'autres conditions pertinentes.

De plus, une connaissance des conditions pertinentes comme contingentes échappe à tout psychologisme. Il s'agit d'un rapport de connaissance aux conditions efficaces à l'œuvre objectivement dans la situation où nous sommes.

Chaque condition se donne alors comme une possibilité étroitement circonscrite, qui n'a donc plus besoin, pour assurer sa viabilité, des ressources d'une détermination extérieure, qui en ferait une force, donc une possibilité biaisée, en faisant tomber le concept hors d'elle-même. Elle sera une possibilité accordée aux autres possibilités, donc viable, selon le spectre le plus large, sans angle mort dans notre rapport aux conditions, sans point fixe qui l'arrêterait.

Cette possibilité sera exprimée complètement, comme intensité pure, selon les critères de la viabilité du processus dans son ensemble, donc la totalité de la propension libérée.

DIFFÉRENCIATION EFFICACE
Processus intégré de possible ou jeu extérieur nécessairement réglé de déterminations

On ne saurait prendre assez au sérieux les avertissements d'Amartya Sen contre des « formules mécaniques de cohérence supposée[2] », contre les « théories et méthodes » « totalement déterminantes et agréablement algorithmiques », donc contre une « application mécanique d'un ensemble de formules simples[3] ».

Il s'agit alors de cohérences logiques nécessaires articulées dans l'extériorité et plaquées d'une façon mécanique sur les faits.

2 Amartya Sen, *Rationalité et liberté en économie*, Paris, Odile Jacob, 2005, p. 39 (l'expression y apparaît au singulier).

3 Idem, p. 47.

Cette démarche implique une mécanisation des déterminations, qui tirent toute leur possibilité de conditions antérieures. Le possible étant réduit à des déterminations pures, extérieures les unes aux autres, l'élément du possible ne peut qu'être occulté.

Or, une telle mécanisation, donc le développement logique autonome et pluralisé, est nécessaire « pour autant que » chaque logique est instrumentalisée par une pulsion objective agissante. Cette pulsion, comme forme de la volonté, n'est jamais thématisée, mais supposée de façon non problématique, étant posée d'une façon indépendante, et dès lors invisible pour un questionnement éthique.

Une logique ne peut avoir de sens qu'en tant qu'instrument au service d'une volonté. Telle est la conséquence du moment historique incarné par Marx et Nietzsche.

L'élément du possible n'est occulté que pour autant que les volontés sont acceptées sans plus comme les seules à pouvoir caractériser la signification des logiques (leur dimension d'instrument efficace, dans une perspective ontologique).

Dans cette optique, les conditions sont des attachements, comme tels nécessaires, et le développement accéléré des logiques doit permettre la satisfaction d'une pulsion (guidant les volontés).

L'ordre des égoïsmes, comme rapport des déterminations nécessaires, dans l'extériorité, prend la forme d'un ajustement par addition, forme du « sac de pommes de terre », qui reste l'horizon du schème de la « Main Invisible ».

La nécessité est celle d'un enchaînement subi, de détermination en détermination, vers toujours plus de force, selon une structure maximisatrice.

Face à une maximisation dénuée de signification, des règles, des valeurs ou des droits sont posés d'une façon tout aussi extérieure, qui prend elle-même l'allure arbitraire d'un fait de civilisation (les « droits de l'homme » devenant des valeurs « occidentales », donc non universelles).

Dans la perspective irréductiblement dualiste qui s'ouvre entre la pulsion aveugle acceptée comme base des développements logiques et le conditionnement subi par les acteurs en contexte, dans cette séparation proclamée, un processus ne peut être qu'un enchaînement externe de déterminations nécessaires.

Les volontés sont bien elles-mêmes conditionnées concrètement de façon nécessaire (au travers de ce que je nomme « flatterie » : publicité, propagande, lobbying,…). Et la pulsion est ce qui pousse irrésistiblement à manipuler, à instrumentaliser les autres volontés. Du conditionnement subi à la pulsion indiscutée, le cercle ontologique se clôt ainsi.

La force se présente comme une accumulation dénuée de sens, à l'infini.

Les conditions sont perçues comme posées (par une volonté) ; elles sont en réalité tout autant subies. Le cercle ontologique des vouloirs se déploie sur la base d'une présupposition de déterminations en soi, ontologiques, des acteurs, qui permet la mise en place des dispositifs de la flatterie.

Le jeu des volontés, nécessairement déterminées par les conditions qu'elles instrumentalisent, prend la forme, à chaque fois, de conditionnalités automatiques, nécessairement fermées en un plan logique de conditions de possibilité qui épuisent le possible (réduit à des déterminations ontologiques), masquant l'élément du possible à l'œuvre en contexte.

Les conditions de possibilité, rigoureusement articulées, déploient leur logique, toujours plus loin, selon un plan rationnel fermé (homogène) et nécessaire.

Les processus ainsi articulés sont des mécanismes, des procédés, des procédures. Ils dessinent la perspective d'un plan fermé, prédéterminé et donc prévisible.

C'est la prédiction objective que permet la théorie, et l'espoir de gain qui s'y attache, qui fait tout son attrait pour les volontés.

Si le point de vue des volontés doit être dépassé, il ne saurait l'être selon la perspective de valeurs ou de normes appliquées de l'extérieur. Pour cela, il faudrait commencer par poser l'individu affirmatif, poursuivant des buts, et donc déterminé par ces buts. Dans ces conditions, l'efficacité resterait factuelle, extérieure, technique.

Elle resterait à la merci de déterminations violentes, qui bloqueront le processus, le fermant dans des plans rationnels partiels ou biaisés, unilatéraux.

Une fois le dualisme repéré, il faudra considérer chaque condition pertinente, donc active dans la situation qui est la nôtre. Chacune a été rendue possible, non seulement par des conditions antérieures, mais aussi par le possible élémental qui traverse cette situation. Se rapporter à ce possible permet de connaître toutes les conditions pertinentes comme contingentes. Et cette connaissance libère une propension dans la latence de ce possible qui pourra retomber sous la forme d'un processus intégré, donc assumé.

Ce rapport à l'élément du possible peut être vu comme une réconciliation de la volonté (pulsion qui instrumentalise un savoir) avec elle-même (conditionnée de façon nécessaire par la flatterie). Cette réconciliation ne restaure pas une « unité » ontologique. Elle affirme, simplement, une singularité morale.

En réalité, cette réconciliation est infiniment subtile. La situation, vue de l'extérieur, par le regard objectivant des acteurs stratégiques, apparaîtra comme une réalité sociale marquée par des rapports déterminés de conditions nécessaires, et comme réduite à ce jeu arbitraire.

De l'extérieur, une situation apparaît « toujours » comme un hasard désordonné ; l'homme, comme méchant ; la cours du monde, livré à l'exploitation, à l'aliénation, à la misère ; les logiques d'action, systématiquement injustes.

Cela est vrai.

Mais si l'on veut intervenir, en contexte, dans le sens de plus de paix, de plus d'équité et de plus de justice, il ne suffira pas d'influer de l'extérieur, de façon abstraite. Il faudra commencer par pondérer les différentes conditions, les différentes identités et les différents intérêts, et les connaître comme contingents, afin de libérer un processus intégré de possible, où ils puissent être assumés.

Il s'agit ici de rendre « pensable » et donc « identifiable » une telle influence.

RETRANSCRIRE LA LIBERTÉ
Notations formelles pour une retombée du drapé

Comment noter une remontée en amont, dans la latence du possible, qui se traduit par la position d'une condition qui libérera un potentiel, une propension, traduite en aval par une retombée du drapé, chaque condition se posant comme pur rapport aux autres conditions effectives, inscrit dans l'élément du possible ?

Prenant appui sur des cohérences partielles, il faudra rendre chacune à sa contingence, les connaître comme contingentes, remontant ainsi vers l'élément de possible.

Dans cette remontée, il faudra dégager, préfigurer, repérer les veinures où s'esquisse ce qui prendra place comme une retombée du drapé.

Si un plan logique, dans sa cohérence homogène et partielle, avec les points d'appui qu'il offre pour la remontée, peut être noté 1, 2, 3,… , l'on pourra noter le retrait 1I, 1II, 1III, 2I, 2II, 2III, 3I,… Les repères dégagés par la remontée, qui ouvrent à une reconfiguration du champ des possibles, rendue possible par ce retrait, qui nie en retour la fermeture du plan initial, compossibilisant au contraire toutes les conditions pertinentes, sera noté 1Ii, 1Iii, 1Iiii, 1IIi,…, 3Ii,… 3IIIiii,…

L'idée est d'opérer, à partir d'une ou plusieurs prises de cohérence partielles, un décalage, un déplacement en profondeur.

Ce décalage atteste, dans la latence, dans la profondeur du possible, l'écart entre les prédictions (que livrent les sciences sociales, à partir des cohérences perspectives offertes par la sociologie, la psychologie, l'économie, …) et les résultats (donc les faits observés après coup).

Les résultats ne peuvent jamais se « résumer » à ce qui pourrait en permettre la prédiction.

Il y a toujours un écart entre ce qui était attendu et ce qui arrive (que ce soit pour l'issue d'une guerre, d'un concours quelconque…).

Entre l'image prévue et le résultat, il y a le processus contingent qui fait l'histoire.

Mais il serait abusif de penser, comme l'a fait la tradition, que l'histoire, que le passé, est nécessaire, contrairement au futur[4]. En réalité, le passé, tel qu'il est restitué par les historiens, est sans cesse rendu à sa contingence. Autrement, l'on s'expliquerait mal les divergences entre les récits historiques.

Le processus à l'œuvre est contingent, et le passé qu'il remet en jeu est, lui-même, également contingent. Le passé est rendu à la vie par ceux qui le revisitent, pour en enrichir leur présent. Le passé n'est pas quelque chose de clos, comme le présent n'est pas à nous, et comme le futur demeure incalculable.

La vie est ce processus, cette viabilité de possible, à laquelle il s'agit de retrouver accès. Cet accès sera ouvert par une singularité morale, mais cela pour « tous » les acteurs concernés. Et les acteurs stratégiques, aveugles à l'élément de possible, trouveront à s'inscrire dans le processus ouvert, sans jamais s'en douter.

4 C'était déjà la position d'Aristote, *Catégories, De l'interprétation*, trad. Tricot, Paris, Vrin, 2008, *De l'interprétation*, 9, « L'opposition des futurs contingents ».

Cela ne veut pas dire que l'intégration du processus ne puisse pas être objectivement constatée par quelqu'un pour qui cette intégration est pensable, qui donc dispose des catégories qui permettent de la penser et de la reconnaître.

LA LIBERTÉ ET LE MAL
Oubli du possible, déviation et absence de viabilité

Nous savons bien que le choix du mal, la décision pour le mal, n'est ni la conséquence d'un manque d'intelligence, ni celle d'une lecture pas assez documentée ou pas assez sophistiquée des classiques, mais témoigne simplement d'une « mauvaise » volonté, d'une volonté « pour » le mal.

Mais le lien entre la volonté, la volonté libre, et le mal, est encore plus intime.

Le ressort d'une volonté est l'identification d'une présumée « unité » ontologique, propre à un « esprit », un esprit comme « force », comme « pulsion », et solidaire de déterminations en soi (« ontologiques »).

La volonté exprime alors une détermination nécessaire, celle d'une force collective, dans une de ces expériences brutales qu'affectionnent les foules.

Cette volonté est prête à user de la violence pour s'affirmer, amis contre ennemis, déterminés, eux aussi, collectivement, de façon nécessaire.

L'esprit exprime alors une détermination qui affirme violemment sa nécessité contre celle des autres, réduits, eux aussi, à une identité.

La volonté, dans la faiblesse comme dans la force, veut parfois le bien, parfois le mal.

Elle peut se laisser flatter dans le sens de ses penchants ; elle peut s'affirmer avec cynisme. Elle peut aspirer à la justice, comme elle peut montrer de la compassion. Tout cela dans un moment d'affirmation puissante ou de désespoir inconsolé.

Elle se déploie toujours plus loin, en s'affirmant face aux autres volontés.

Or, précisément, une volonté conforme à son concept est dans l'impossibilité de réaliser ce concept. Son action ne peut mener qu'à une fragmentation accélérée du champ de l'efficacité.

Judith Butler et Ernesto Laclau le remarquent. Une identité ne peut jamais être totalement déterminée[5]. Elle ne peut qu'échouer dans son effort d'achever son auto-détermination.

De plus, tout contenu spécifique échoue à constituer une identité, à occuper le lieu de l'universel[6].

Ce que ces auteurs appellent « logique » est en réalité une logique de constitution/dissolution des identités[7].

Cette logique exprime, dans le contexte qui est le nôtre ici, le fait que les volontés qui instrumentalisent les logiques efficaces pour promouvoir une condition nécessaire ne peuvent qu'oublier, qu'occulter le possible à l'œuvre dans la situation (qui deviendra insoupçonnable pour ces auteurs, fidèles à leur perspectivisme).

Les volontés, fascinées par le développement technique, extérieur, des cohérences rationnelles, visent à refermer leur logique de façon nécessaire, vers une détermination complète qui rendrait telle ou telle identité universelle.

Or, précisément, ce concept d'une volonté, non seulement interdit une auto-détermination achevée dans les faits, mais il devient le moteur d'une différenciation toujours accélérée, et d'une multiplication des logiques efficaces.

Le mal n'est pas seulement, pour une volonté, de manquer de compassion pour les autres. Il est inscrit dans l'obsession affirmative qui pousse chaque logique à se développer en excluant les autres.

La nécessité d'une volonté est celle de sa propre dissolution. La nécessité d'une condition s'ouvrira en celle de plusieurs autres conditions exclusives.

Une volonté, portant un « esprit », l'affirmation d'une « unité » ontologique, ne peut qu'aboutir à un oubli du possible. Une fois le possible oublié, rien ne peut plus empêcher une déviation des logiques efficaces par rapport à ce possible, chacune ne voyant que sa propre cohérence déterminée, dans un jeu ontologique des conditions, où toute la possibilité d'une condition vient d'autres conditions.

Les logiques en viennent dès lors, dans leur cohérence, à avoir des effets systématiquement injustes.

5 Judith Butler, Ernesto Laclau et Slavoj Zizek, *Contingency, Hegemony, Universality, Contemporary Dialogues on the Left*, London, New York, Verso, 2000, p. 31. Butler se réfère à Laclau, *Émancipation(s)*, London, New York, Verso, 1996.

6 Butler, Laclau, Zizek, Idem, p. 32. La référence va bien sûr à Lefort, pour ce « lieu vide » de l'exercice du pouvoir. Voir *L'invention démocratique*, Paris, Fayard, 1981.

7 Idem, p. 53 (Laclau).

Le problème du mal doit donc être appréhendé à partir de cette viabilité du possible qu'il interrompt.

Il ne s'agit pas d'énoncer des valeurs qui seraient « bonnes » en soi. Elles seraient immédiatement récupérées par des logiques identitaires partiales. En effet, aujourd'hui, toute théorie (et même une théorie des valeurs) ne peut être qu'une logique au service d'une condition efficace (identité ou intérêt).

La viabilité au sein du possible pourra être dégagée, plus que par une pensée ordonnée, par une pensée ordonnée « dans » une sensibilité ordonnée, rendue accessible dans une « méditation ».

Le déploiement logique occulte également cette dimension morale de la sensibilité. Il ne peut voir que des déterminations rationnelles ordonnées en vue de l'efficacité. Il accepte la pulsion comme unique moteur concevable.

S'ouvrir à l'élément du possible qui traverse la situation demande une discipline de la sensibilité, que révolte le cynisme de la force ou la flatterie des penchants.

En même temps, libérer un processus intégré de possible demande aussi un ordre de la pensée. Celle-ci doit scruter toutes les conditions pertinentes pour les connaître comme contingentes.

Identifier les conditions pertinentes n'est donc pas un geste technique, mais moral.

À partir de là, de cette discipline de la pensée, un processus s'ouvrira, où toutes les conditions seront assumées, chacune à sa place.

Une remontée est donc requise par rapport au champ saturé de déterminations où les volontés s'affirment sans mesure, revendiquant leur nécessité respective. Tant que cette nécessité n'est pas remise en cause, les logiques efficaces, chacune au service de sa condition, ne pourront que précipiter leur déviation ou leur blocage, nés d'un oubli de l'élément du possible.

À la volonté, à chaque fois nécessaire, il faudra préférer la connaissance, certes plus sobre et difficile, de la contingence des volontés.

À une liberté pensée comme affirmation conséquente, toujours reconduite, d'une volonté dont la nécessité est présupposée, il faut préférer la liberté plus sobre de la connaissance de ce qui fait un processus intégré dans le possible.

À la griserie de la force, l'on pourra préférer l'intensité négative qui exprime la pondération de toutes les conditions pertinentes (qui s'annulent comme forces), dans leur contingence respective, de bout en bout du spectre motivationnel.

VERS UN TOURNANT MODAL
L'universel, avant la lettre

Il faut prendre acte de ce que l'universel, aujourd'hui, est lié à un type de rationalité, qui déploie des logiques maximisatrices au service de conditions définies.

Sera universel, non pas tel ou tel principe, dans sa détermination, mais une « assomption », en contexte, des conditions pertinentes, à partir de la connaissance de leur contingence, cela selon le spectre le plus large, des identités aux intérêts.

Cela revient à constater un devenir-logique du politique, qui est également un devenir-politique des logiques.

Comment mesurer l'enjeu de ce mouvement sécularisant, imprévisible, irréversible, pour ce qui est de l'universel ?

Il n'en va plus d'un universel abstrait, subsumant le particulier, mais de l'universel comme contingence morale, c'est-à-dire une contingence intrinsèquement morale, une connaissance morale de la contingence, qui fait droit à toutes les conditions pertinentes, sur tout le spectre motivationnel.

Cela implique que l'on ne peut plus se contenter de rendre l'universel dépendant du conflit des volontés, comme le fait, de façon consensuelle, Judith Butler : « L'universalité appartient à un conflit (*struggle*) hégémonique sans fin assignable (*open-ended*)[8]. »

La connaissance qui assume est un non-agir. Elle libère un processus intégré, donc viable, sans impliquer aucun geste violent, aucune imposition d'une norme venant de l'extérieur.

Il s'agit de la connaissance de ce que aucune condition n'est déterminée de façon nécessaire. La nécessité d'une condition est toujours celle d'une volonté qui exclut d'autres volontés, s'affirmant comme un attachement invisible, qui ne peut faire question.

Une volonté déterminée comme nécessaire implique toujours d'autres volontés. Et chacune déploiera un plan logique homogène, que les acteurs devront rapporter l'un à l'autre, de façon extérieure.

---

8 Butler, Laclau, Zizek, *op. cit.*, p. 38 (Nous traduisons).

Mais si l'on sait que la volonté est contingente, une « connaissance » prend le pas sur l'attachement particulier d'un vouloir.

La volonté ne tombe plus en dehors d'elle-même, comme une pulsion rapportée à un conditionnement subi.

La contingence de toutes les conditions est lue sur elles, sans rapport nécessaire à une volonté. Il s'agit de considérer « toutes » les conditions, rien de plus.

Une condition n'est plus « présupposée » comme déterminée ontologiquement, en soi, dans une antériorité abstraite par rapport aux phénomènes. Elle n'a plus à « fonder » *a priori* une telle nécessité, dans une profondeur *ad hoc*.

La question n'est plus de dégager les préconditions d'un ordre[9], les conditions de possibilité d'un état de fait, ou, par exemple, un cadre, une structuration institutionnelle préexistante, prédéterminant la vie sociale, et qui serait, dans sa rationalité, la présupposition d'une détermination en soi[10] du social, que l'on trouverait toute faite, comme un plan fermé et homogène. Cela ne veut bien sûr pas dire que des règles, des lois, la soumission par habitude à des normes, ne doivent intervenir dans la réflexion, mais cela toujours comme contingentes.

Il ne s'agit pas non plus de considérer de façon exhaustive des possibles trouvés tout faits, des possibilités pré-données, qui pourraient devenir des contraintes extérieures subies.

Cela ne revient pas à proposer un monde sans objets, mais un monde où chaque objet puisse être remis en jeu à partir de sa possibilité, si les circonstances l'exigent.

L'absence de pré-supposition de toute condition comme nécessaire implique en revanche l'abandon de tout schème Providentialiste, de toute fin heureuse qui serait de tout temps pré-déterminée, et en un sens déjà là.

---

9 Comme le fait Axel Honneth, *Le Droit de la Liberté. Esquisse d'une éthicité démocratique*, Paris, Gallimard, 2015, p. 18. Il tente de montrer qu'un état de fait est lié à une précondition éthique qui le justifie (comme condition de sa possibilité). Notamment, la « sphère institutionnelle du marché » serait fondée « sur l'exigence normative d'une réalisation de la liberté sociale ». Voir, *Idem*, p. 298.

10 Un processus éthique est indépendant d'un type déterminé de régime politique. Il repose simplement sur un tournant modal, sur une priorité connue du possible sur les déterminations.

Il n'y aurait pas d'harmonie pré-établie en un sens Leibnizien, mais toujours la possibilité, après une remontée dans le possible, d'une reprise inventive, dans un processus, de toutes les conditions pertinentes, donc de devenir soi-même, en contexte, ouvrant un tel processus, « providence » pour son prochain.

Pas de « ruse de la nature » en un sens kantien[11] ; pas de « ruse de la Raison » en un sens hégélien[12], comme un accord, une réconciliation, qui serait de tout temps nécessaire, pré-défini, et vers lequel l'histoire nous acheminerait sans surprise.

Une telle histoire linéaire supposerait en effet un plan fermé de rationalité où prendrait place une optimisation, une « maximisation », où le mieux serait inévitable.

Si l'universel n'est plus la « nécessité » de telle ou telle condition (qui serait à la fois universelle et particulière[13]), dans un moment historique particulier, mais la connaissance de « toutes » les conditions (identités et intérêts) comme « contingentes », cela définit le contenu de ce qui pourra être exprimé comme un tournant modal.

L'universalité de ce tournant sera manifeste en ce que son contenu pourra être récupéré et réinterprété à partir de plusieurs horizons philosophiques et religieux très importants historiquement.

Pour ce qui est de la Chine, il pourrait rejoindre les enjeux d'une réélaboration confucéenne de la notion taoïste de « non-agir », notamment chez quelqu'un comme Zhang Zai (1020-1078)[14]. Il pourrait également soutenir la recherche, qui est en réalité commune à toutes les écoles chinoises, non seulement d'une rationalité ordonnée, mais aussi, et plus profondément, d'une sensibilité ordonnée (ce qui explique, par exemple, que les Occidentaux, découvrant les *Entretiens*, y aient trouvé un manque de cohérence systématique). Le lien entre cette pratique, cette discipline de la sensibilité, le non-agir, et la sincérité[15] (*cheng*, 誠) pourront ouvrir à une appropriation du tournant modal dans cet horizon.

---

11 Kant, *Opuscules sur l'histoire*, traduction Stéphane Piobetta, Paris, Flammarion, 1990, « Idée d'une histoire universelle d'un point de vue cosmopolitique », p. 86 (« le dessein suprême de la nature »).

12 Hegel, *La Raison dans l'Histoire*, traduction Papaioannou, Paris, 10/18, 1965, p. 110.

13 Laclau dans Butler, Laclau et Zizek, *op. cit.*, p. 55/56.

14 Anne Cheng, *Histoire de la pensée chinoise*, Paris, Seuil, 1997, chapitre 17.

15 Voir mon *La liberté comme processus éthique*, Londres, ISTE, 2018.

Pour ce qui est du Bouddhisme, une telle appropriation serait notamment possible depuis le courant Madhyamaka. Celui-ci, déclinant la pensée essentielle de Nagarjuna[16], se veut littéralement fidèle à la « Voie du milieu », au sens où il aspire à échapper aux dualités de l'être et du non-être, du nihilisme et de l'éternalisme, de l'indulgence sensuelle et de la mortification. Pour ce faire, il met en œuvre une analyse logique, utilisant notamment le tétralemme. C'est l'application minutieuse et conséquente de l'analyse logique qui permet à Nagarjuna de se défaire de ces dualités ontologiques, révélant que toute chose manque de nature-propre (ce qu'il nomme « vacuité »), donc n'est pas « en soi » déterminée. Ce faisant, cette application de l'arme logique permet de retrouver la signification essentielle de la thèse bouddhiste de l'avènement en dépendance (*pratitya-samutpada*)[17] (interrelation sans fin, sans aucune détermination ontologique nécessaire).

Une telle compréhension de ce que tout manque de nature propre, donc de ce que rien n'est ontologiquement déterminé, est dite ultime. Elle permet la requalification du *nirvana* comme *samsara* « assumé » (au sens où l'être éveillé dépose le fardeau karmique). Déjà pour Nagarjuna, *samsara* et *nirvana* sont le « même », seul le regard change, témoignant d'une déprise des dualités ontologiques. Une telle déprise, comme « détachement », exprime la vérité ultime, la connaissance de la vérité conventionnelle comme conventionnelle[18].

---

16 Nagarjuna, *Stances du milieu par excellence*, trad. Guy Bugault, Paris, Gallimard, 2002.

17 Môhan Wijayaratna, *Sermons du Bouddha*, Paris, Seuil, 2006, sermon n° 12 « La coproduction conditionnée ».

18 Ces analyses supposent une compréhension potentiellement non-consensuelle des enjeux du moment nagarjunien. Voir, comme introduction, malgré ses insuffisances, Jean-Marc Vivenza, *Nâgârjuna et la doctrine de la vacuité*, Paris, Albin Michel, 2009, qui situe le penseur et le met en perspective par rapport à sa réception au Tibet, en Chine et au Japon.

LOGIQUE DE LA LIBERTÉ, LIBERTÉ DE LA LOGIQUE

De la continuité d'un processus

Associer la liberté à l'affirmation d'une condition définie (qui serait à la fois universelle et particulière) aboutit invariablement à poser que le nécessaire est impossible, ou l'impossible, nécessaire[19].

L'universel ne peut être identifié à une « identité » définie, relativement à un contexte ou un moment historique, sans impliquer une telle contradiction comme nécessaire.

Or, une telle acrobatie ne doit pas être vue avec indulgence. Elle doit être présentée ici exactement pour ce qu'elle est : la violence concrète qui nie des identités au profit unilatéral d'une autre identité.

Cela veut dire que le « bien », quelle qu'en soit la définition, présuppose le « mal », ou qu'une volonté fait le mal dans l'exacte mesure où elle fait le bien. En d'autres termes, toute victoire est toujours une défaite, pour tel ou tel.

Dès lors, la philosophie ne peut plus que se cantonner à « révéler » toute logique comme impliquée dans une condition volitive tenue pour nécessaire, en même temps qu'elle rendra les conditions particulières, « en tant que » posées par une volonté définie, invisibles, et immunes à un examen critique informé. Cela est dû à ce que la philosophie tient alors fermement à sa base une antériorité de la détermination sur le possible, traduite dans une nécessité inquestionnée des conditions.

Contre cela, comment penser une liberté qui ne soit pas exclusive, une liberté qui soit, en un seul geste, ouverture de libertés pour tous les acteurs impliqués ? Comment retrouver un concept « universel » de liberté ?

Il s'agira de partir d'une antériorité du possible sur les déterminations. La « méditation » rendra accessible une telle inversion.

Il faudra lier la liberté, non plus à une condition volitive, une identité ou un intérêt défini, mais à une singularité morale, où toutes les conditions, comme forces, s'annulent dans une intensité négative qui témoigne de l'ouverture d'un potentiel éthique dans le possible.

19 Butler, Lacalu et Zizek, *op. cit.*, p. 56.

Pour Épicure, le plaisir le plus pur consiste en l'absence de souffrance[20]. Ainsi pourrait-on dire, ici, que l'action authentique est un « non-agir » qui consiste en un « ne pas subir ». Ne pas subir la flatterie qui pré-détermine un vouloir comme unité ; ne pas consentir à la pulsion qui instrumentalise une logique au profit d'un tel vouloir pré-défini.

La liberté la plus pure ne compromet la liberté de personne. Elle est une ouverture méditative opérée à partir du possible accessible dans la situation qui est à chaque fois la nôtre. L'intensité négative, qui naît de la pondération des conditions, dans une méditation, et témoignera de l'ouverture d'un potentiel dans ce possible, sera une liberté de cet ordre.

Non pas, donc, une liberté qui affirmerait une condition de façon unilatérale ; mais une liberté qui dégage un potentiel de viabilité dans le possible, la liberté comme processus éthique, où chacun pourra s'inscrire, avec la condition qui est la sienne.

Mais faut-il encore, dans ce cas, parler de liberté ? Si c'est le cas, c'est dans un sens en rapport avec la philosophie comme discipline de vie en vue de la sagesse, et non au sens d'une spécialité parmi les autres. Comme le disait bien Kant, la philosophie selon son « *Weltbegriff* », non son « *Schulbegriff*[21] ».

---

20 Épicure, *Lettres, maximes, et autres textes*, traduction Pierre-Marie Morel, Paris, Flammarion, 2011, « Lettre à Ménécée », p. 100.

21 Kant, *Critique de la Raison pure*, Paris, Aubier, 1997, A 838-839 /B 866-867 (respectivement, première et deuxième édition allemande).

TROISIÈME PARTIE

UN PARADIGME POUR PENSER LES DROITS

INTRODUCTION
À LA TROISIÈME PARTIE

Le champ juridique s'est constitué pour partie en s'affranchissant des présupposés éthiques ou métaphysiques qui étaient impliqués dans l'approche philosophique du droit. Il ne saurait plus être question de prétendre, en philosophe, dire « la » vérité du droit. Néanmoins, l'on peut soutenir que la philosophie a encore quelque chose à dire à propos des droits de l'homme, cela d'abord en discutant ce qui circule comme une philosophie implicite de ces droits. Il ne s'agit donc pas de dire une « vérité » des droits, mais de discuter leur statut.

Il est utile de distinguer, pour ces droits, leur déterminité (si l'on veut, leur « lettre ») et leur effectivité (donc leur traduction concrète, ou leur respect factuel). Or, il faut commencer par remarquer que ces deux aspects semblent se contredire. Si les droits sont, quant à leur lettre, l'objet d'une redéfinition constante (on constate une inflation juridique), il devient difficile d'adopter un paradigme naturaliste, selon lequel ils seraient « lisibles » dans ce qui serait une « nature » humaine. Par ailleurs, leur définition semble venir toujours trop tard, et se contenter d'entériner leur violation factuelle. La détermination des droits viendrait masquer après-coup leur absence d'effectivité. Et ces droits ne seraient effectifs qu'à préserver une indéterminité quant à leur lettre.

Les « droits de l'homme » tirent leur spécificité et leur généralité de ce qu'ils sont qualifiés de droits « subjectifs ». De nombreuses ambiguïtés subsistent, charriées par des préconceptions courantes concernant ce que serait le « sujet » de ces droits. L'on a longtemps considéré que ce sujet ne pouvait se rendre libre, ne pouvait réaliser sa liberté, qu'en « s'arrachant[1] » à ses déterminations concrètes, sociologiques, psychologiques, économiques… Or, dans la controverse entre libéraux

1 Pour une réactivation récente de ce thème classique du libéralisme, voir Sylvie Mesure et Alain Renaut, *Alter ego. Les paradoxes de l'identité démocratique*, Paris, Flammarion, 1999.

et communautariens[2], ces derniers ont pu soutenir à l'inverse que la liberté serait pour les sujets de voir « reconnues » leurs appartenances respectives, la richesse de leur vie partagée. L'on a pu aussi dire que cette liberté serait pour chacun de satisfaire des besoins ou des désirs que l'on s'efforce de recenser en prétendant qu'ils seraient *de facto* ou *de jure* ceux de tous[3], que personne ne pourrait y renoncer librement.

Ces deux caractérisations s'efforcent de donner un contenu universel à la forme déjà universelle de ces droits. Mieux, elles souhaitent secrètement conforter leur universalité formelle à partir du contenu qu'elles proposent. Elles se révèlent pourtant inaptes à le faire. Le sujet « abstrait » (s'arrachant), comme celui qui se laisserait « déterminer » par ses appartenances (communautaires) ou ses intérêts concrets, tombant d'un côté ou de l'autre de cette alternative, ne saurait être libre. Suspendu dans l'air subtil ou engoncé dans sa matérialité sociale, économique, …, le sujet renonce dans les deux cas à une liberté qui pourrait seule le rendre « digne » et le porter à la hauteur des droits qu'on lui reconnaît.

Comment penser une liberté qui le rende digne de ces droits, ou, plutôt, selon quel paradigme penser le statut des droits qui viennent sanctionner cette liberté, en prendre acte et en permettre la réalisation concrète ? L'enquête devra se développer selon les deux axes repérés : la déterminité des droits, et leur effectivité, cela en gardant la thématique du sujet de droit comme l'exigence d'une question ouverte.

2 François Huguenin, *Résister au libéralisme. Les penseurs de la communauté*, Paris, CNRS éditions, 2009.

3 Martha Nussbaum, *Capabilités : comment créer les conditions d'un monde plus juste ?*, Paris, Flammarion, 2012. Voir la controverse qui l'a opposée à Amartya Sen, inventeur du concept de « capabilités », qui refuse, contrairement à elle, d'en établir une « liste » définie de manière décontextualisée.

LES DROITS DE L'HOMME SELON LE PARADIGME ONTOLOGIQUE

LE SUJET JURIDIQUE

Il faut commencer par reconnaître l'écart irréductible qui subsiste entre le sujet abstrait, technique, du droit, et le sujet concret[1], désirant, proie possible de l'*hubris*, de la démesure qui le guette.

L'on peut ainsi désamorcer la critique qui a pu être faite des « droits » de l'homme comme droits du sujet désirant, et la « transformation magique du désir en droit[2] » qui accompagnerait la reconnaissance de ce sujet comme « seule source et but suprême » du droit[3]. L'argumentation d'Hannah Arendt dans ce sens s'inscrit bien sûr dans le contexte de la déconstruction heideggérienne de la « métaphysique du sujet » que ce dernier voit à l'œuvre dans la modernité, et ce jusque dans l'accomplissement de cette métaphysique dans le règne de la technique, et l'arraisonnement de la nature que ce règne met en place.

Leo Strauss, autre élève de Heidegger, poursuit la critique des droits de l'homme en posant que ceux-ci expriment ce que tout le monde « désire » réellement, autrement dit « l'intérêt de chacun » tel qu'il « le conçoit ou pourrait facilement être amené à le concevoir[4] ». Il y aurait donc de la flatterie, une démagogie des droits, encourageant chacun à donner libre cours à ses pulsions privées, cela au détriment du commun, et de la société prise dans son ensemble.

---

1 Voir la mise au point par Yan Thomas, « Le sujet de droit, la personne et la nature. Sur la critique contemporaine du sujet de droit », *Le Débat*, n° 100, mai-août 1998, p. 85 *sqq.*

2 L'expression est de Dominique Terré, *Les questions morales du droit*, Paris, PUF, 2007, p. 104.

3 Hannah Arendt, *L'impérialisme* (tome 2 des *Origines du totalitarisme*), Paris, Fayard, 1982, p. 286.

4 Leo Strauss, *Droit naturel et histoire*, Paris, Plon, 1954, p. 197.

Il est intéressant de noter que cette critique rejoint une des toutes premières qui fut adressée aux droits, celle de Burke. Sa phrase, « Le petit catéchisme des droits de l'homme est vite appris ; et ce sont les passions de l'homme qui vous diront la conclusion », est rappelée par Strauss au même endroit.

Il y a donc bien l'idée d'un individualisme du sujet désirant, du sujet pulsionnel, qui serait replié sur lui-même, attentif à ses seuls désirs privés, et fermé à toute dimension relationnelle, intersubjective, sociale. Le sujet se retirerait de ses engagements sociaux. Et la société dans son ensemble finirait par se trouver atomisée entre de tels individus monadiques. Il y aurait donc un désengagement de la part des individus, qui cesseraient d'être des citoyens. Et cet effritement, ce délitement du social serait bien dû à une promotion du privé, des désirs et des pulsions privés.

Il faut à cet égard souligner, comme le fait Yan Thomas, que ce sujet désirant, atomistique, doit être soigneusement distingué du sujet abstrait, technique, auquel ont affaire les juristes. Le sujet désirant, « naturel » si l'on veut, n'est pas réductible ni assimilable au sujet artificiel, juridique, institué. Les données psychologiques du premier ne peuvent être confondues avec les élaborations institutionnelles qui composent le second.

Thomas qualifie le droit de « technologie de substitution du social au naturel ». « La personne, même qualifiée de "physique", est un artefact. » « Un être humain singulier est institué comme entité juridique abstraite et universelle. » Il s'agit d'un « point d'imputation personnalisé des règles juridiques qui gouvernent cet être humain. » Le droit peut ainsi « adresser ses commandements à des unités égales et imputer à ces entités les conduites » qu'il prescrit.

Tout est dans cet artificialisme, dans cette reconstruction par le droit du monde social qu'il est voué à réguler. Le dédoublement du social qui est impliqué dans cette opération ne peut pour autant poser le sujet de droit « en dehors » du sujet concret. Il faut bien reconnaître que les deux coexistent, cohabitent de façon parfaitement obvie mais néanmoins mystérieuse. Le sujet de droit n'est actualisé, amené à la conscience, que lorsque la machinerie du droit, avec l'appareil coercitif auquel elle est liée, intervient de façon concrète. En même temps, cette machinerie n'intervient que lorsque le sujet concret, « naturel » a été nié, lésé ou violenté de quelque façon.

Il ne s'agit pas pour l'instant d'élucider le rapport exact des deux sujets. Il aura suffi d'en marquer la distinction nécessaire, afin de ne jamais tenir l'un pour l'autre.

DEUX POSSIBILITÉS ONTOLOGIQUES DE LA QUESTION DU SUJET DE DROIT

Il n'en reste pas moins qu'une mise en avant de droits attribués au sujet repose, ne serait-ce que de façon minimale, sur un concept défini de ce sujet. Deux modes fréquents de cette référence peuvent être mis en avant.

D'abord, on peut prétendre que ces droits sont « lisibles » dans le sujet, pris alors dans sa dimension, plus encore qu'anthropologique, ontologique. Cette ontologie peut se référer au sujet en tant que créé. Dans ce cas, on peut mettre en avant sa dimension d'*imago Dei*[5]. Mais l'argument peut aussi se référer au sujet dans son être simplement naturel, concret. « Unité élémentaire de toute société, particule stable, dénombrable, unique tant quantitativement que qualitativement », le sujet est doué « de propriétés juridiques constantes et uniformes ». Attributs d'un sujet, comme être naturel composé, complexe, les droits seraient analytiquement contenus en lui. Dans ce cas, le concept juridique de sujet se réfère à un sujet « naturel » comme à sa base, même si c'est selon une perspective très précise. Cette référence peut paraître dépassée. Elle n'en a pas moins eu, historiquement, une force et une influence certaine.

En second lieu, la référence subjective peut viser l'acte volontaire qui pose les droits. Les droits du sujet sont posés par un sujet, par une volonté libre. C'est cette dimension thétique qui, comme libre, légitimerait les droits. La tentative la plus aboutie dans ce sens fut celle de Rousseau. Elle fut trop belle sans doute, et trop parfaite. En effet, la légitimité qui s'attache à la « volonté générale », pensée comme sommation de toutes les petites différences individuelles, chacun délibérant pour soi, dans

5 Alain Supiot, *« Homo juridicus. » Essai sur la fonction anthropologique du droit*, Paris, Le Seuil, 2005, p. 275 *sqq.*

le silence des passions, avec ce que cela implique, l'absence de toute association ou de tout parti politique[6], cette démonstration d'essence mathématique[7], inspirée du calcul leibnizien des différences, n'a rien de factuellement constatable. Pour les grandes sociétés, elle est, de l'aveu de Rousseau, irréalisable. Cela ne retire rien à la portée de l'œuvre de Rousseau, à l'intelligibilité du politique qu'elle apporte, ni à l'influence qu'elle a pu exercer sur les révolutionnaires, notamment sur quelqu'un comme Sieyès.

Mais la portée pratiquement légitimatrice de cette pensée d'une volonté instauratrice ne prendra toute sa dimension qu'avec le positivisme juridique. Avec Kelsen, l'unique source du droit est « la volonté légalement exprimée du législateur légalement compétent[8] ». Cela s'inscrit dans la tentative qui a animé le positivisme juridique, et qui a visé à échapper aux présuppositions éthiques ou métaphysiques qui pouvaient s'attacher au droit classique, afin de rendre l'ordre juridique autofondateur. La volonté du législateur devient ainsi à même de légitimer les droits subjectifs. Les droits du sujet apparaissent légitimes à partir de la sphère subjective seule.

DIFFICULTÉS LIÉES À CES DEUX POSSIBILITÉS ONTOLOGIQUES

Selon cette perspective, ontologique, portant sur le sujet, les deux voies proposées tombent sous le coup de critiques difficilement réfutables.

Le concept « naturel » d'un sujet comprenant des droits comme des attributs qui seraient lisibles en lui ne peut pas échapper à la critique développée par Marx dans *La question juive*[9]. Ces droits lisibles dans le sujet seraient des droits de ce sujet à la séparation avec les autres sujets.

6 Rousseau, *Contrat social*, livre II, chap. III.

7 Alexis Philonenko, *Jean-Jacques Rousseau et la pensée du malheur*, 3 tomes, Paris, Vrin, 2002. Le commentateur analyse cette opération en la comparant structurellement au calcul infinitésimal.

8 Jean-François Kervégan, *Hegel, Carl Schmitt. Le politique entre spéculation et positivité*, Paris, PUF, 2005, p. 32.

9 Karl Marx, *Sur la question juive*, trad. Jean-François Poirier, Paris, La Fabrique, 2006.

Ils seraient les outils d'une séparation de ce sujet, affirmant ses intérêts égoïstes contre les autres sujets, et permettant une satisfaction de ces intérêts égoïstes contre les autres. Mais cela contredit le concept même de ce sujet comme sujet libre. En effet, le sujet, pour faire droit, ne peut être conçu autrement que comme un sujet libre. C'est cette liberté qui en fait un sujet faisant droit, un sujet apte à légitimer ses droits comme des attributs. Or, cette liberté ne prend sens que dans le rapport du sujet aux autres sujets qui l'entourent. Elle ne peut être la liberté d'un sujet qui s'arrache à ses liens sociaux, pour affirmer des droits à satisfaire des intérêts privés. Au contraire, la liberté ne se gagne que « dans » et « par » les liens sociaux du sujet, dans la vie qu'il partage avec les autres sujets, dans sa vie sociale concrète.

Ainsi, les droits du sujet ne peuvent être légitimés comme lus dans un concept de sujet qui nie une liberté par laquelle seule ce concept de sujet est apte à légitimer ces droits.

Pour ce qui est du second aspect, le sujet offert par le positivisme juridique a lui-même révélé les limites de la légitimité qu'il peut apporter aux droits subjectifs.

Ces limites peuvent être repérées à partir de la critique du positivisme kelsénien présentée par le premier Carl Schmitt[10]. Ce dernier dénonce le positivisme comme un amalgame, une combinaison contradictoire de normativisme et de décisionnisme. Kelsen, dans sa recherche d'une théorie pure du droit, serait resté prisonnier d'une conception normativiste du droit. Pour lui, la norme est vue comme autosuffisante, et porteuse d'une rationalité intrinsèque.

Pour Schmitt, cela occulte la composante décisionniste du droit. Or, celle-ci apparaît de façon privilégiée dans l'état d'exception. Le normativisme ne peut résoudre la question de l'exception, alors que dans celle-ci la « décision » se révèle comme porteuse de l'essence du droit. L'exception ne manifeste pas les bornes du droit, mais son essence décisionniste s'y montre de la façon la plus évidente. « L'ultime condition de la validité normative, c'est la puissance d'affirmation de cette validité[11]. »

Même si toute constitution combine les deux composantes, Schmitt tend nettement, dans les œuvres des années 1920, à affirmer la priorité de la décision. Là où la norme paraît se suffire à elle-même dans un état

10 Jean-François Kervégan, *op. cit.*, p. 31 *sqq.*
11 Kervégan, *op. cit.*, p. 35.

« normal », l'état d'exception révèle de la manière la plus crue que ce n'est pas le cas. Serait ainsi réfuté le positivisme kelsénien, pour avoir méconnu, mésestimé, le moment de la décision.

Il faut souligner que l'affiliation de Schmitt au nazisme, pour être ce qui rend *a posteriori* suspect son décisionnisme, le poussera au contraire à substituer au dualisme normativisme/décisionnisme une division tripartite, où le premier rôle va échoir à une pensée concrète de l'ordre, appelée « institutionnalisme ». Cela converge avec le souci de légitimité du nazisme dans les années 1933/1934. De façon parallèle, et de prime abord surprenante, puisque Kelsen vient d'une famille juive, le positivisme kelsiénien semblera aussi, de son côté, suspect dans l'après-guerre, cela précisément parce qu'il fait de la volonté du législateur le ressort de la légitimité du droit qu'il pose. La « volonté légalement exprimée du législateur légalement compétent » est pour lui l'unique source du droit.

De façon croisée, face à l'intolérable non seulement historiquement perpétré, mais inscrit dans les lois de Nuremberg, face à l'inacceptable juridiquement ratifié, préparé et exécuté, il fallait dénoncer à la fois le décisionnisme schmittien et la position de Kelsen, trop confiant dans les présupposés rationnels inscrits dans la volonté manifestée du décideur.

Des deux côtés, l'on est amené à mettre en question la légitimité qui serait celle d'une volonté, d'une subjectivité, à énoncer des lois, et plus spécifiquement des droits subjectifs.

Les deux pistes de l'ontologie semblent mener à une impasse.

Le concept de sujet qui a été jusqu'ici évoqué, selon ses deux aspects, d'un côté un sujet monadique avec ses attributs naturels, de l'autre une volonté libre, mais avec pour seul contenu de cette liberté sa subjectivité, libre sans repères, sans une connaissance de cette liberté, ce sujet, selon les deux lignes ontologiques qui ont été examinées, n'est pas à même de légitimer des droits subjectifs.

LE CONTEXTE : HORIZON ACTUEL DE LA QUESTION DU SUJET DE DROIT

Après cette première caractérisation minimale du sujet de droit, dont on a pu montrer les limites, il est important de préciser le contexte actuel, où prend sens la question qui nous occupe.

L'on constate une prolifération des droits reconnus, une inflation considérable de la littérature juridique, des références faisant droit dans ce domaine[12]. Les droits, étant à l'origine des droits-liberté opposables par les individus à l'État pour empêcher que celui-ci n'empiète sur leur sphère privée, et des droits-participation, assurant que les individus puissent participer à la vie démocratique, se sont vus compléter par des droits-créance, sociaux et économiques, requérant l'intervention active de l'État pour pourvoir aux besoins individuels[13]. Récemment a été portée sur le devant de la scène et discutée la pertinence de droits des femmes, de droits des groupes[14], ou encore de droits relatifs à l'environnement. Il est trop tôt pour discuter le bien-fondé de tel ou tel droit. Celui-ci, relevant de la « déterminité » des droits, sera envisagé brièvement en fin du présent essai.

Remarquons pour l'instant que cette prolifération des droits semble menacer ce que l'on entend couramment par leur « universalité ». En effet, celle-ci, et c'est ce que nous aurons à discuter, est couramment vue à partir de son opposition au particulier et au singulier. Elle serait liée à une nécessité des droits quant à leur lettre. Les droits seraient découverts, comme universels, en vertu de leur lien « nécessaire » à tout sujet de droit. Si les individus concrets sont le singulier, les droits en revanche seraient analytiquement contenus dans le concept universel de sujet. Ils appartiendraient ainsi, à travers son concept universel, à tout individu.

Mais, précisément, une telle universalité des droits quant à leur lettre peut poser problème si l'on considère que ces droits ont été, non

12 Dominique Terré, *Les questions morales du droit*, Paris, PUF, 2007, « Prolégomènes », p. 5 *sqq*.

13 Voir déjà T. H. Marshall, « Citizenship and Social Class », *in* Marshall, *Class, Citizenship and Social Development*, Westport, Connecticut, Greenwood Publishing Group, 1973 .

14 Charles Taylor, *Multiculturalisme. Différence et démocratie*, Paris, Flammarion, 2009.

seulement reformulés, mais multipliés et considérablement élargis quant aux domaines de la vie humaine qu'ils recouvrent. Ainsi périodiquement redéfinis, relus et réinterprétés, ces droits peuvent se révéler ambigus, et des contradictions se faire jour entre plusieurs droits.

En cas de conflit, accordera-t-on la priorité à la liberté, à l'égalité, à la citoyenneté, à la dignité ? Il ne s'agit pas de dire que ces conflits apparaissent souvent, ni la plupart du temps. Ils sont néanmoins réels et la prolifération observée risque de les multiplier.

Si les droits sont universels quant à leur lettre, comment expliquer ces contradictions ? De fait, la prolifération des droits s'est accompagnée d'un glissement depuis une considération des droits comme des « propriétés naturelles » vers leur compréhension en termes de « garanties constitutionnelles ». Il n'en reste pas moins que leur universalité continue à être pensée comme une nécessité qui s'attacherait à leur lettre, dans la « détermination » que celle-ci présente.

À côté de la déterminité, l'effectivité des droits pose également problème si l'on considère leur prolifération. Poser les droits comme universels quant à leur lettre conduit souvent à poser leur effectuation comme nécessaire, qu'elle soit l'œuvre de l'histoire ou de l'action éclairée d'un État.

À cet égard, les deux Révolutions, Américaine et Française, offrent une polarité marquée[15]. Pour les pères fondateurs américains, la liberté de tous sera le fruit de l'histoire. Il suffira que l'État limite ses interventions pour que le jeu spontané des intérêts individuels réalise cette liberté. Les Déclarations de 1776 s'appuient sur une ferme conviction de ce que le fonctionnement « naturel » de la société, réalisé dans l'histoire, tend à réaliser *sponte sua* un état de fait où les droits de l'homme seront respectés. L'État doit se contenter de ne pas intervenir, et laisser les lois immanentes au social, qui sont des lois de la circulation des marchandises et du travail social, réaliser leurs effets[16]. L'État, se limitant, crée simplement les « conditions » de cette auto-réalisation du social.

Il n'en va pas de même en France, où les législateurs ne se trouvent pas devant une *tabula rasa*, mais face à un ordre corrompu qu'il faut

15 Voir Luc Ferry et Alain Renaut, *Philosophie politique*, tome 3, *Des droits de l'homme à l'idée républicaine*, Paris, PUF, 1984, p. 33 *sqq*. Les deux premiers volumes sont du seul Luc Ferry. Ils sont sous-titrés, *Le système des philosophies de l'histoire*, Paris, PUF, 1984, pour le second, et *Le droit : la nouvelle querelle des anciens et des modernes*, Paris, PUF, 1984, pour le premier.

16 Voir notamment Thomas Paine, *The Rights of Man*, Londres, Seldon, 1958.

renverser. La Révolution de 1789 vise à « rectifier » l'ordre social. Cette rectification sera l'œuvre d'une « volonté » morale. Le pouvoir politique se charge de donner une positivité au droit naturel. Les physiocrates, inspirateurs de cette Déclaration, jugent les individus trop égarés par l'opinion. Ils rejoignent Rousseau et posent que l'État doit « organiser » la libre concurrence des intérêts de chacun. « Il n'y a de liberté que *dans* l'État[17]. » La réalisation des droits de l'homme est le fruit de la volonté éclairée de l'État. Elle se fera en quelque sorte « de haut en bas ».

En mettant de côté toutes les différences des deux approches, il faut remarquer que dans les deux cas les droits sont réalisés comme les conséquences nécessaires d'un processus effectif, respectivement mû par l'histoire et par l'État. Les droits de l'homme sont réalisés comme des déterminations « nécessaires » dans et par un processus effectif[18].

Quel sens peut prendre cette nécessité processuelle dans le contexte de la prolifération des droits ?

Premièrement, l'on pourrait penser que cette inflation masquerait, en même temps qu'elle serait l'expression d'une faiblesse des droits, donc d'un manque d'effectivité, d'une traduction factuelle insuffisante, et d'un respect trop limité. On adopterait de nouveaux droits devant notre impuissance à faire respecter ceux qui sont déjà en vigueur.

Deuxièmement, cette inflation pourrait être vue comme accroissant leur précision efficace. Elle serait l'expression de leur faculté d'adaptation à des contextes changeants, du fait que les droits permettent de prendre en compte et de soulager de façon toujours plus précise, la violation factuelle observée de ces droits.

Troisièmement, et c'est cette voie que nous souhaitons explorer, cette prolifération amène à une redéfinition en profondeur du statut des droits subjectifs. L'on ne peut se contenter d'y voir quelque chose de quantitatif ou d'extérieur à ces droits. En réalité, cette prolifération révèle l'infondé d'une approche ontologique du sujet de droit. Elle appelle à remettre en cause la « nécessité » qui s'attache à leur lettre comme au processus efficace de leur réalisation, lui aussi nécessaire. Il s'agit, face à cette nécessité déterminée, de penser leur universalité autrement qu'opposée

17 Voir les analyses de Habermas, *Théorie et pratique*, tome I, Paris, Payot, 1975, p. 125.

18 Cette nécessité rejoint les thèses providentialistes de Tocqueville sur l'avènement de la démocratie, dans la Préface au tome I de *De la démocratie en Amérique*, Paris, Folio histoire, 1986.

au particulier et au singulier, et d'élaborer un nouveau paradigme pour comprendre ces droits, dans leur légitimité et leur effectivité, à partir d'une pensée de leur « contingence ».

Il convient donc de commencer par élucider l'ontologie du sujet de droit qui résiste dans l'horizon actuel de la position de la question, avant d'en préciser les limites, et de questionner la portée du paradigme universel-ontologique-nécessaire, et son possible dépassement.

LA PORTÉE DU PARADIGME ONTOLOGIQUE POUR COMPRENDRE LES DROITS

Ce qui résiste du paradigme ontologique dans l'explication de la légitimité et de l'effectivité des droits prend la forme d'une pensée du processus nécessaire. Il s'agit de se situer au niveau conceptuel, et il ne saurait être question de renvoyer massivement à des philosophes de la tradition. Pour plus de commodité, l'on posera que les deux termes de la solution ontologique séduisante renvoient respectivement à Adam Smith et à Hegel. Pourtant, le contenu conceptuel de ces solutions consiste uniquement dans ce qui est explicité, envisagé et retranscrit ici. De fait, le thème de la « Main invisible[19] » non seulement n'apparaît que trois fois dans tout le corpus smithien, mais ce dernier aurait été très surpris de le voir utilisé dans une discussion portant sur les droits subjectifs. Quant à Hegel[20], il se contente de voir dans ces droits la première étape d'un processus qui, médié par le moment moral, relèvera cette abstraction pour la porter au niveau de la vie éthique d'un peuple, où elle sera pleinement, en soi et pour soi, réalisée. La référence aux deux auteurs s'accompagne donc ici d'une distanciation et d'une réélaboration profondes.

Le processus ontologique nécessaire implique des volontés concrètes, marquées par des identités et des intérêts concrets. Il peut être, quant au rapport des volontés particulières impliquées, externe ou interne.

---

19 En réalité, seules deux occurrences sont de grande portée. Voir *Recherches sur la nature et les causes de la richesse des nations*, Paris, Flammarion, 1991, tome II, p. 42-43 et *Théorie des sentiments moraux*, Paris, PUF, 1999, p. 257.

20 Hegel, *Principes de la philosophie du droit, ou Droit naturel et science de l'*État *en abrégé*, trad. Robert Derathé, Paris, Vrin, 1998.

Ce processus articule des volontés pour lesquelles les identités et les intérêts impliqués, en contexte, sont, à chaque fois, des déterminations nécessaires. Ces déterminations sont universelles dans l'exacte mesure où elles sont nécessaires. Et leur nécessité tient dans leur « généralité » par rapport aux déterminations singulières, attachées à l'individu en tant que singulier. Elle est liée à ce qui fait de lui un sujet universel. Le singulier peut être subsumé sous cet universel conçu comme généralité. Les déterminations que sont les droits sont universelles en tant que déterminations nécessaires, c'est-à-dire par rapport auxquelles l'individu ne peut se distancier, des conditions qu'il ne peut mettre à distance et relativiser. Mais ces déterminations, comme droits, ne sont telles que sur le fond, nécessairement présupposé, d'une nécessité d'identités ou d'intérêts donnés, que l'individu ne peut en aucun cas mettre à distance et relativiser. C'est-à-dire que le sujet est « déterminé », et passif par rapport à ces identités et ces intérêts.

Serait à l'œuvre un schème que l'on retrouve de façon caractéristique chez Hobbes. Pour ce dernier, la liberté consiste pour chacun à satisfaire ses désirs, mais non pas à choisir ses désirs, puisque cela lui serait impossible en vertu de ce qu'est un désir[21] et de ce qu'est la liberté humaine.

Le processus nécessaire résulterait du libre jeu des identités et des intérêts des individus, dans leur extériorité les uns par rapport aux autres. Ces déterminations, universelles selon leur contenu déterminé (selon leur lettre), sont réalisées au fil de ce processus efficace, dans un rapport extérieur des volontés déterminées. La « Main invisible » d'Adam Smith peut être interprétée comme un schème qui permet de comprendre ce processus dans sa nécessité, si l'on nous permet de mettre de côté pour l'instant le fait qu'il actualise et réalise des « droits » subjectifs. En réalité, cela ne « contredit » nullement le schème tel qu'il apparaît chez Smith, mais peut être vu comme un point aveugle de la théorie.

D'un autre côté, le processus efficace peut être vu comme déployant les volontés individuelles, chacune tenant ses identités ou ses intérêts comme des déterminations nécessaires, dans un rapport immanent ou interne les unes par rapport aux autres. Cela évoque le négatif tel qu'il intervient chez Hegel, comme étrangement d'un sujet par rapport à lui-même, et passage en un autre sujet, à partir duquel il revient en

21 Hobbes, *Œuvres complètes*, 11/2, *Les questions concernant la liberté, la nécessité et le hasard*, Paris, Vrin, 1999.

soi-même, selon un processus dialectique[22]. Il ne saurait être question d'entrer ici dans une analyse suffisamment poussée de la pensée de Hegel. Que l'on nous permette d'emprunter ce schème afin de rendre intelligible un processus effectif qui déploie des déterminations tenues pour nécessaires selon une articulation « interne » ou immanente, au lieu de l'articulation externe repérée ci-dessus.

Un processus effectif externe peut réaliser la satisfaction d'intérêts déterminés, mais aussi, il faut en convenir, celle de droits déterminés. C'est ce qu'avaient très bien vu les pères des Déclarations américaines, comme nous l'avons mentionné ci-dessus.

D'un autre côté, un processus effectif immanent peut également réaliser, amener à voir satisfaits des droits subjectifs. Cela est déjà manifeste chez Hegel pour qui le processus historique par lequel le Concept trouve sa réalisation phénoménale concrète est la relève par laquelle les droits abstraits, passant par le moment moral, trouvent leur réalisation dans la *Sittlichkeit* ou la vie effective réalisée d'un peuple, dans les relations éthiques qui remplissent la vie des membres de ce peuple.

Les deux concepts de processus efficace, externe comme interne, constituent bien des options ontologiques pour comprendre des droits subjectifs, selon leur légitimité et leur effectivité, ou leur réalisation concrète.

LES LIMITES DU PARADIGME ONTOLOGIQUE

La première faiblesse de ce que nous appelons l'approche ontologique est liée à la conception de l'universel qui lui est sous-jacente et qu'elle permet en retour d'articuler.

L'universel serait le « général » (le plus général) qui prendrait sens dans son opposition au particulier et au singulier. Il ne saurait être question ici de discuter en détail la doctrine d'Aristote. Son concept d'universel est lié à son épistémologie, mais aussi à sa théorie de la substance et des causes. La science est pour lui une exploration qui vise à établir, au moyen de syllogismes, un lien nécessaire entre un sujet et son prédicat.

22 Hegel, *Phénoménologie de l'Esprit*, trad. Jean-Pierre Lefebvre, Paris, Aubier, 1991.

Dans un syllogisme, l'universel est un prédicat (« mortel » dans la majeure « Tous les hommes sont mortels »). Le moyen est simultanément l'essence et la cause qui unit les attributs (« homme », dans « Socrate est un homme »). Le moyen est l'essence de Socrate et la cause qui fait que le prédicat « mortel » peut lui être attribué, et que l'on peut affirmer et conclure : « Socrate est mortel. »

Le Stagirite « appelle universel l'attribut qui appartient à tout sujet, par soi, et en tant que lui-même[23]. », étant entendu que « L'attribut appartient universellement au sujet quand on peut montrer qu'il appartient à un sujet quelconque et premier. » Par exemple, le fait d'avoir ses angles égaux à deux droits est un attribut universel pour le triangle, mais non pour une figure en général.

Peut-on, à partir de là, extrapoler, et, conservant ce cadre explicatif, poser que des « droits » seraient des « attributs » universellement contenus dans l'« *ousia* » « homme », des attributs qui seraient le général attribué, au travers du moyen (homme) aux singuliers que nous rencontrons ? Ce schème prend sa pleine dimension lorsque l'on insiste sur la référence à la cause finale, sur le finalisme qui lui est implicite. Les êtres vivants sont des substances orientées chacune vers une fin qui est la sienne par nature.

Le problème avec ce schème aujourd'hui est son accentuation trop nette du nécessaire, de l'universel comme nécessaire, contre la contingence. Alors même que l'on trouve une pensée du contingent[24] chez Aristote, la référence faite au Stagirite insiste trop souvent de façon unilatérale sur la nécessité des attributs attribués aux sujets, en vertu de leurs fins naturelles. La contingence, qui est réelle pour lui dans le monde sublunaire, s'est trouvée minorée par ses successeurs de façon injustifiée.

Il faut faire remarquer à ce stade le déplacement que nous avons opéré dans l'optique du présent travail, de la thématique d'attributs qui seraient ceux de sujets naturels vers une considération de « conditions » qui seraient des « identités » et/ou des « intérêts » qui s'imposeraient de façon plus ou moins marquée aux acteurs dans la vie quotidienne, mais dont la « liberté » de ces acteurs implique la possibilité de pouvoir mettre ces conditions à distance dans la délibération, si l'on veut pouvoir dire que ce choix a été rationnel, c'est-à-dire pleinement libre et assumé.

---

23 Aristote, *Organon*, tome IV, *Les seconds analytiques*, trad. Tricot, Paris, Vrin, 2000, 73b26 et 73b32.

24 Aristote, *Physique*, trad. Pierre Pellegrin, Paris, Flammarion, 2000, livre II, chap. 4 à 6.

Dans cette perspective, faire des droits des attributs nécessaires passe à côté de la relativisation des conditions qui doit toujours être possible pour les sujets délibérants, et qui est liée à ce qui rend leur liberté effective en contexte.

Cela est le cas dans la mesure où, après le moment incarné par Marx et Nietzsche, les théories objectives se présentent nécessairement comme instrumentalisables « par », « au profit de » telle ou telle identité, tel ou tel intérêt. Leur nécessité est dès lors soumise à celle de ces conditions, telles qu'elles sont posées par une volonté.

Il faut donc expliciter pour elle-même cette objection au schème ontologique, relative à la liberté des acteurs. Ce schème passe à côté de ce fait que les conditions (identités et intérêts) se présentent comme des « déterminations » subies par les acteurs, dont la liberté consisterait à voir ces conditions satisfaites, sans penser que cette liberté puisse consister plutôt pour eux à relativiser ces conditions, à les tenir à distance dans une délibération rationnelle qui prenne en compte tous les éléments pertinents en contexte.

Les théories objectives sont « contingentes » *car* les conditions qui les instrumentalisent « doivent » être connues comme contingentes, pour préserver la liberté des acteurs.

Une telle approche peut converger avec celle d'Amartya Sen, pour qui la « liberté[25] » des acteurs qui délibèrent consiste à prendre en compte de façon rationnelle tous les aspects pertinents qui interviennent dans la situation. Leur liberté serait donc directement liée à leur capacité à mettre l'aspect que nous nommons ici « déterminant » de leurs motivations (les conditions qui s'imposent comme les leurs) à distance dans l'examen rationnel qu'ils mettent en œuvre dans la situation qui est la leur, et qui les amènera à prendre une décision libre.

Ces deux critiques, relatives respectivement à la conception de l'universel et de la liberté qui intervient dans le schème ontologique, convergent pour mettre en évidence le fait que ces faiblesses respectives sont relatives à une pensée insuffisante de la contingence.

---

25 Voir notamment Amartya Sen, *Rationalité et liberté en économie*, trad. Marie-Pascale d'Iribane-Jaawane, Paris, Odile Jacob, 2005.

LES DROITS DE L'HOMME SELON LE PARADIGME EFFECTIF-PROCESSUEL

VERS UN PARADIGME EFFECTIF-PROCESSUEL POUR PENSER LES DROITS

Comprendre la liberté des agents demande, dans un premier temps, d'échapper à une dualité considérée trop couramment comme nécessaire.

Selon un premier terme, la liberté consisterait à s'affranchir des appartenances qui sont pour chacun données de façon factuelle. Les déterminations sociologiques, psychologiques, économiques devraient être « niées » par le sujet, au sens où il aurait à s'en « arracher » pour réaliser sa liberté. Il s'agirait alors de la liberté d'un sujet « indéterminé », qui n'aurait de cesse que d'échapper aux diverses déterminations qui tendent à s'imprimer en lui. La liberté serait regagnée à chaque fois contre ces déterminations susceptibles de réifier le sujet en le figeant dans des configurations arrêtées.

Le deuxième terme de l'alternative pose que la liberté du sujet consiste à voir « reconnues » dans leur légitimité et pour la richesse qu'elles apportent à une humanité partagée, les appartenances qui sont d'emblée celles de ce sujet. La liberté de celui-ci serait de faire siennes ces appartenances, qui le relient à un passé commun, et à un groupe où seraient partagées, dans des relations éthiques effectives au quotidien, des contenus définis : une langue, des valeurs, des œuvres. Celles-ci règleraient *de facto* les interrelations éthiques, qui seraient ainsi lestées d'effectivité.

Dans les deux termes intervient un concept de détermination nécessaire. Celle-ci devrait dans le premier cas être niée, on devrait s'en retrancher, dans le second cas elle devrait être simplement ratifiée, acceptée et reconnue.

Si l'on pose que les « déterminations » sont ce que nous avons explicité ci-dessus comme « conditions », donc des identités et des intérêts qui sont ceux des sujets agissants, leur « nécessité » non seulement n'a rien de nécessaire pour une pensée de la liberté, mais cette dernière pourrait exiger de la désamorcer.

La liberté n'exige pas de nier purement et simplement des identités ou des intérêts donnés. Elle ne demande pas de s'y plier systématiquement, de façon passive ou subie. Reprendre les identités et les intérêts pertinents en contexte, en les mettant à distance afin d'en évaluer la portée respective dans une délibération, cela est demandé par la « liberté ». Cette dernière exige donc, plutôt qu'un arrachement qui présuppose la nécessité de ce dont on s'arrache, plutôt qu'une nécessité que l'on s'efforce de voir reconnue, une « assomption » de la part de l'agent des conditions qu'il connaît comme pertinentes.

Cette connaissance passe par une reconnaissance de la « contingence » qui est celle de « toutes » les conditions pertinentes. Tant qu'une condition, une identité ou un intérêt, est acceptée comme « nécessaire » et tenue fermement pour telle dans la délibération, la liberté ne pourra pas être effective. La liberté naît dans un rapport intime, existentiel, vécu, à la contingence du possible qui traverse toujours déjà la situation où nous nous trouvons. Elle demande de « connaître » toutes les conditions pertinentes comme contingentes. Le possible à l'œuvre en situation ne peut devenir viable, ouvrant cette situation sur une perpétuation non-violente, que dans la mesure où aucune condition ne le fige en une détermination nécessaire.

Il faut, à ce stade, relativiser une pensée de la liberté qui fait de la nécessité le ressort de cette liberté, notamment dans les théories d'inspiration hégélienne où le négatif tient les déterminations comme nécessaires à sa base et prend appui sur cette nécessité pour les dépasser, où le négatif est donc le moteur de la liberté. La liberté est, plutôt qu'une rumination de la nécessité, une connaissance de la « contingence » qui est toujours déjà celle de toutes les conditions pertinentes en contexte. Cette contingence permet de prendre en compte le spectre le plus large des mobiles pertinents (les conditions), tout en assurant leur effectivité maximale.

Le passage d'une théorie où la liberté est pensée à partir de la nécessité à une autre où elle prend sens par rapport à la contingence est lourd de conséquences aussi pour penser l'universel.

Ce dernier ne qualifie plus des déterminations tenues pour telles selon leur lettre, dans leur déterminité même. L'universel est la façon dont les conditions pertinentes, en contexte, se trouvent « assumées », leur contingence permettant leur mise à distance dans la délibération, sans pour autant demander leur « négation » pure et simple. L'universel est ce mouvement, la viabilité du possible, où les conditions se trouvent assumées[1].

Ce déplacement du nécessaire au contingent dans la pensée de la liberté et de l'universel n'est pas sans conséquences pour la question des droits subjectifs.

LES DROITS COMME CONDITIONS

Quelle sorte de conditions sont les droits subjectifs ? Ils ne sont manifestement pas des identités ni des intérêts au sens ordinaire, sans plus. Ils peuvent jouer comme des conditions, mais selon un statut qu'il reste à définir. Celui-ci peut être souligné comme « mixte » au sens où il se situe à la jointure, dans le pli pour le dire ainsi, entre juridique et politique d'une part, juridique et éthique de l'autre.

C'est avec Rousseau et sa pensée du peuple comme sujet souverain que la notion de droits subjectifs devient, non plus seulement morale ou religieuse, mais « politique » de plein droit[2]. En retour, l'on a pu considérer ces droits comme l'expression d'un individualisme apolitique, faisant valoir, contre l'État, une liste de griefs qui seraient des désirs subjectifs. Certes, il faut donner raison à Ferry et Renaut : les droits subjectifs ne sont pas, à eux seuls, une politique. Cela au sens où ils ne règlent pas, à eux seuls, « la question d'une société juste, égale et libre[3]. » Il n'en reste pas moins que la « destruction de la démocratie

1 Voir Virgil Cristian Lenoir, *La liberté comme processus éthique*, Londres, ISTE, 2018.

2 Luc Ferry et Alain Renaut, *Philosophie politique*, tome III, Paris, PUF, 1984, p. 72.

3 Idem, p. 9.

formelle a coïncidé avec celle de la démocratie comme telle[4] ». Sous cet aspect au moins, il faut reconnaître une dimension politique aux droits, même s'ils ne sont pas le tout d'une politique praticable.

D'un autre côté, il faut noter que ces droits, opposables à l'État, constituent un cran d'arrêt à l'identification du juste et du droit positif, cela même si la référence à de tels droits s'inscrit dans l'horizon du droit subjectif[5]. Ces droits ouvrent ainsi le droit sur une dimension plus profonde que l'on peut dire « morale ». Michel Villey ne s'y est pas trompé, qui reproche aux droits de confondre « droit » et « morale[6] ». Ils se présenteraient ainsi comme une instance morale inscrite au cœur du droit. Le Préambule de la Constitution de 1848, en son article III, reconnaît bien « des droits et des devoirs antérieurs et supérieurs aux lois positives. »

Les droits de l'homme ouvrent donc simultanément le droit sur le politique et la morale. Ils ne sont pensables qu'à partir de cette double articulation qu'ils rendent possible et effective. Pour le dire autrement, et tenter de mesurer la portée de cette double articulation, les droits sont une instance « critique » par rapport à un ordre juridique qu'ils présupposent, et qu'ils ouvrent vers une effectivation politique qui sera la sienne, et où la morale pourra reconnaître sa trace.

Par « instance critique », il faut entendre que les droits ne sont pas un modèle parfait qu'il s'agirait de réaliser au niveau politique. Ils seraient plutôt des repères aptes à nous amener vers « plus » de justice, de façon toujours comparative, et relative à une situation donnée. Cela fait écho à la distinction donnée par Amartya Sen entre un « institutionnalisme transcendantal » et « un comparatisme orienté vers la réalisation[7] ». Plutôt que de vouloir construire un modèle parfait de justice, que l'on souhaitera réaliser, il serait préférable d'œuvrer de façon concrète vers une amélioration relative des conditions de vie des personnes. Une telle action demande des repères précis. Les droits subjectifs sont de bons candidats pour constituer de tels repères.

---

4 Claude Lefort, « L'impensé de l'Union de la Gauche », *in L'invention démocratique*, Paris, Fayard, 1981, p. 129 *sqq.*

5 Luc Ferry et Alain Renaut, *Philosophie politique*, tome III, Paris, PUF, 1984, p. 60, note 4.

6 Luc Ferry et Alain Renaut, *Philosophie politique*, tome III, Paris, PUF, 1984, p. 60, note 5.

7 Amartya Sen, *The Idea of Justice*, Londres, Penguin Books, 2010.

Les droits subjectifs, comme cette instance critique qu'ils constituent, sont les seuls à même de contenir, d'endiguer la pouvoir de l'État d'une part, les tendances individualistes de l'autre. Il faut tenter de justifier cette double action, dont la deuxième semblera paradoxale, en introduisant une distinction qui, pour être neuve sous cette forme, n'en est pas moins essentielle à une intellection adéquate du statut des droits de l'homme.

LES DROITS COMME CRITÈRE DE L'ASSOMPTION DES CONDITIONS PERTINENTES

Le point de départ, l'amorce de la distinction qui nous intéresse ici, se trouve dans une discussion par Antonio Negri de la pensée de Spinoza[8]. Soulignons d'emblée que notre propos n'est pas de discuter la pertinence de la lecture de Negri, ni, non plus, de réévaluer la pensée de Spinoza pour elle-même. Il ne s'agit pas de déterminer qui a pensé quoi, mais de penser le statut des droits, tel qu'il nous intéresse ici.

Première remarque : Spinoza intéresse Negri au premier chef par l'anti-juridisme qu'il trouve dans son œuvre. Or, il s'agira ici de ramener Spinoza vers ce qui peut être fécond et utile chez lui pour une pensée des droits subjectifs.

Le problème essentiel de l'approche spinozienne est visible dans son amalgame entre *jus* et *potentia*. Pour lui, « chaque chose naturelle tient de la nature autant de droit qu'elle a de puissance pour exister et pour agir[9]. » Dans la composition du corps politique, ce droit augmente à proportion de l'augmentation de la puissance de ce corps. Cette composition n'est possible qu'à partir du consentement effectif des agents, ce qui rend superflue la référence à une théorie du contrat.

Or, justement, chez Spinoza, il n'y a pas de distinction tranchée qui soit opérante entre l'ordre du consentement (la constitution matérielle) et celui du commandement (la constitution formelle)[10], entre le fondement

8 Antonio Negri, *L'anomalie sauvage. Puissance et pouvoir chez Spinoza*, Paris, Éditions Amsterdam, 2007.

9 Spinoza, *Traité politique*, chap. II, § 3, Paris, Pléiade, 1954, p. 923.

10 Negri, op., cit., p. 306-307.

de la légitimité et l'exercice du pouvoir. C'est le monisme ontologique de Spinoza qui le pousse à y voir deux aspects d'une même réalité.

La distinction prend sens dans la cadre de ce monisme. Ainsi, lorsque Spinoza est amené à distinguer entre *potestas* et *potentia*[11], la première étant la capacité divine de produire des choses, la seconde désignant la force, divine, qui les produit actuellement, il relativise aussitôt cette distinction, dans la proposition XXXVI. Dieu réalise tout ce qu'il est en son pouvoir de réaliser.

Or, précisément, cette distinction pourrait avoir une portée politique inattendue. Negri loue Spinoza pour avoir nié toute distinction tranchée entre puissance et pouvoir, entre le fondement de la légitimité et l'exercice du pouvoir, à l'inverse des théories « bourgeoises », entendre « Hobbes-Rousseau-Hegel » qui donnent « une version mystifiée de (ce) pouvoir[12] ».

Mais, prendre au sérieux l'écart entre *potentia* (la puissance de réaliser) et *potestas* (le pouvoir qui réalise), à l'instar de ces derniers, nous met à même de penser le danger d'une immixtion du second dans la première, et la nécessité de poser des limites qui empêcheront cette immixtion. Ces limites pourront prendre la forme de droits subjectifs.

Prendre au sérieux cet écart entre *potentia* et *potestas* doit amener à distinguer la première, si l'on veut préserver la liberté de l'agent par rapport à des déterminations qu'il se contenterait de subir, de la « force », cette dernière désignant la simple possibilité de réaliser de telles déterminations que l'on ne serait pas à même de mettre à distance et de relativiser dans une délibération.

L'on se trouve ainsi devant une distinction triplice, qui élargit la dualité spinozienne. La « puissance » (aptitude de chacun à réaliser ce qu'il a des raisons de valoriser) doit être sans cesse préservée et regagnée contre le « pouvoir » (exercé concrètement par les gouvernants) d'une part, contre la « force » (subir ses propres pulsions subjectives comme nécessaires) de l'autre.

Il faut reconnaître qu'il y a un rôle médiateur du pouvoir, qui empêche que les individus ne soient simplement laissés à leurs déterminations privées, qui seraient nécessaires, et donc subies. Il faut alors affirmer,

11 Spinoza, *Éthique*, Partie I, propositions XXXIV et XXXV, édition bilingue, trad. Bernard Pautrat, Paris, Seuil, 1988. Voir l'analyse de Negri, *L'anomalie sauvage*, *op. cit.*, p. 295.

12 Negri, *op. cit.*, p. 307.

contre Spinoza, que laisser les puissances à elles-mêmes, à leur déploiement spontané, ne les amène pas forcément à réaliser leur liberté. Cette liberté doit être gagnée contre les déterminations, identités et intérêts, qu'elle permet de mettre à distance.

En même temps, le pouvoir, ce moment de la médiation, doit être conscient de la nécessité qu'il contient, et qui peut léser la liberté des agents. Il doit donc contenir, inclure un antidote contre sa force, contre sa propre efficacité.

La puissance doit donc gagner sans cesse sa liberté contre le pouvoir et contre la force. Les deux pôles de la nécessité, le pouvoir et la force, doivent être pensés séparément. La liberté, pour les agents, sera de se défaire simultanément de ces pôles, de défaire la nécessité des deux pôles l'un par l'autre.

Les droits, selon cette perspective, seront des critères objectifs de l'effectivité de la liberté, de l'efficacité avec laquelle les deux pôles sont neutralisés. La nécessité des deux pôles est à chaque fois celle d'identités et d'intérêts déterminés. Les droits seront un critère de la mise à distance, de la relativisation des conditions, qui permet leur considération impartiale dans une délibération. Cette mise à distance, comme connaissance de leur contingence, constitue l'« assomption » des conditions pertinentes, identités et intérêts.

Les droits ne seront pas à proprement parler une identité ou un intérêt. Ils seront un critère de ce que identités et intérêts ne déterminent pas les acteurs, ne s'imposent pas à eux de façon nécessaire, que ce soit de la part d'un pouvoir extérieur ou sous la forme d'un acquiescement irraisonné à des désirs subis. Pas de partialité, ni d'une part, ni de l'autre.

Il faut à ce stade suivre les deux lignes du pouvoir et de la force, pour en élaborer les concepts, afin de comprendre la possibilité de leur relativisation, et de la connaissance de leur contingence.

POUVOIR, FORCE ET PUISSANCE

Le « pouvoir » peut être pensé dans sa nécessité selon une lignée Hobbes, Hegel, Schmitt. La « force » peut l'être, également dans sa nécessité, selon une lignée Hobbes, Marx, Hayek.

Le pouvoir d'abord, le pouvoir comme médiation. Pour Hobbes, « *Auctoritas, non veritas facit legem*[13]. » Le pouvoir est détenu par le souverain, en vertu du contrat par lequel les citoyens le lui confient. La loi est « la parole de celui qui, de droit, commande aux autres[14] ». Elle exprime une « volonté » qui est légitime à s'imposer aux volontés individuelles. Le pôle du pouvoir est ainsi constitué par la fiction du contrat, qui permet à chacun d'échapper à l'état de nature. La volonté du souverain est « nécessaire » dans l'exacte mesure où l'état de nature est évité. Elle est la condition de la sortie de l'état de nature, et cette sortie seule la légitime. Sa nécessité exprime ce double rapport.

Chez Hegel, cette nécessité du pouvoir s'enrichit. Les « fonctions et activités particulières de l'État (...) n'ont un rapport avec les individus qui en ont la charge (...) qu'en vertu des qualités universelles et objectives de ces individus et nullement en vertu de leur personnalité immédiate[15]. » La nécessité du pouvoir est celle de l'Esprit objectif, universel, réalisé dans l'État. Ce pouvoir exprime cet universel concret, accompli dans l'État, et ne se rapporte pas du tout aux particularités spécifiques, contingentes, des individus qui sont au pouvoir. L'Esprit réalisé est la mesure de la nécessité du pouvoir.

Pour Schmitt, cette nécessité est ramenée à la décision qui pose les normes. « (...) une constitution est valide (*gilt*) parce qu'elle émane d'un pouvoir constituant (...) et est posée par la volonté de celui-ci. Par opposition aux simples normes, le mot de "volonté" pose une puissance définie par son être comme l'origine du devoir-être. La volonté est donnée existentiellement, se puissance ou son autorité résident dans son être[16]. »

13 Hobbes, *Léviathan*, trad. Tricaud, Paris, Sirey, 1971, p. 295 (note 81).

14 Hobbes, *Léviathan*, *op. cit.*, p. 160.

15 Hegel, *Principes de la Philosophie du Droit*, trad. Derathé, Paris, Vrin, 1982, § 277.

16 Carl Schmitt, *Théorie de la Constitution*, Paris, PUF, 2013, p. 137-138. Voir les analyses de Jean-François Kervégan, *Hegel, Carl Schmitt. Le politique entre spéculation et positivité*, Paris, PUF, 2005.

La nécessité du pouvoir est ramassée dans la réalité existentielle de la volonté qui pose les normes dans leur validité. Cette validité tient toute entière dans cette volonté, et n'est que pour autant qu'elle l'exprime.

Il ne faut pas s'y tromper. Ce que la nécessité du pouvoir révèle ainsi, c'est sa contingence. Si l'on suit la logique de cette nécessité jusqu'au bout, selon les déterminations du souverain, la nécessité se renverse dans l'arbitraire toujours possible de la volonté humaine. Elle se révèle comme « contingente » dans la concrétude des normes posées. La vérité de la nécessité du pouvoir consiste dans sa réalité contingente.

La nécessité de la « force » doit être explicitée pour elle-même de la même façon.

Là encore, Hobbes offre le premier moment. Pour lui, la liberté consiste, pour chacun, à obtenir ce qu'il convoite, mais personne n'est libre de choisir l'objet de sa convoitise[17]. Celui-ci s'impose à l'acteur comme une nécessité. Ce dernier ne peut le mettre à distance, le relativiser, afin de délibérer sur ce que seraient les « bonnes » façons d'agir, et les objets dignes d'élection.

Chez Marx, les droits de l'homme révèlent ce que sont les intérêts de l'individu abandonné à lui-même, considéré comme séparé des autres[18]. Ils reposent sur une entente falsifiée, pour celui-ci, de sa liberté véritable. Le bourgeois exige une protection contre l'immixtion redoutée des autres dans le champ de ce qu'il considère être sa sphère privée, où il entend poursuivre la satisfaction de ses intérêts privés. Cette méprise de l'individu sur sa liberté ne procède pas d'une « méchanceté » du bourgeois. Elle est impliquée dans le fonctionnement objectif du système capitaliste, et l'exploitation qu'il organise. Seule une sortie de ce système pourra rendre l'homme réellement libre, dans les relations désaliénées qu'il créera avec les autres. Sortir de la nécessité de la force serait la marque d'une société libre. Mais nulle part Marx ne nous dit à quoi elle pourrait ressembler.

Hayek pousse la nécessité de la force encore plus loin. Pour lui celle-ci, loin d'être un problème, constitue la solution. Les individus, libres de poursuivre leurs intérêts égoïstes, seront, ensemble, si l'on ne les entrave

17 Hobbes, *Œuvres complètes*, tome 11/2, *Les questions concernant la liberté, la nécessité et le hasard*, Paris, Vrin, 1999.

18 Marx, *La question juive*, Paris, La Fabrique, 2006. Voir aussi Marx, *Œuvres*, tome III, *Philosophie*, Paris, Pléiade, 1982.

pas, à même d'utiliser de façon optimale l'ensemble de l'information disponible[19]. Aucun mécanisme de décision centralisé, aucun individu, aussi intelligent soit-il, ne sera à même de faire aussi bien. La nécessité avec laquelle les individus poursuivent leurs intérêts égoïstes est le garant d'un enrichissement maximal du plus grand nombre. Pour cela, il faudra réduire les contraintes légales au maximum. Leur fonction n'ira pas beaucoup plus loin que de sécuriser la propriété privée.

Là encore, pousser la nécessité de la force jusqu'en ses ultimes conséquences logiques conduit à reconnaître sa contingence. Car que dit d'autre cet « ordre spontané », qui entend se substituer à un « rationalisme constructiviste » ? Ne trouve-t-on pas dans une caractérisation exclusivement égoïste des motivations des acteurs la dernière forme, la plus subtile, d'un tel constructivisme ? Mais si tel est le cas, accéder à la source d'un « ordre spontané » véritable demande d'écarter une telle caractérisation, et de reconnaître, en dernier ressort, la « contingence » des mobiles des acteurs, et leur aptitude à délibérer, les mettant à distance, pour décider en conscience, éventuellement de façon altruiste. La nécessité de la force se révèle donc essentiellement contingente.

Les deux lignes de raisonnement, la nécessité du pouvoir et celle de la force, se retournent donc, si on les suit assez loin, et révèlent leur contingence.

Une pensée conséquente de la contingence de l'action humaine, avec la diversité irréductible des mobiles qui interviennent dans les délibérations individuelles, indique l'impossibilité de réduire le choix à une procédure formelle générale.

En même temps, la mise à distance des conditions, identités et intérêts, dans la délibération libre, donc la connaissance de leur « contingence », est à même d'ouvrir un processus éthique. Un tel processus, ouvrant sur une viabilité du possible à l'œuvre dans la situation, est amorcé par la reconnaissance de la contingence des conditions. Connaître cette contingence, dans un retrait vers la latence qui est celle de la situation, permet à celui qui délibère de poser des repères. Ces repères joueront leur rôle dans le processus ainsi amorcé. Ce processus prendra la forme d'une appropriation, en aval, par les acteurs concernés, des repères pertinents. Le processus sera éthique précisément pour autant qu'il sera connu comme contingent, pour autant qu'il permettra de défaire la

19 Friedrich Hayek, *Droit, législation et liberté*, Paris, PUF, 2007.

nécessité du « pouvoir » comme celle de la « force ». Le processus ouvert sur une perpétuation du possible, dans sa contingence, devra éviter que ne se referme la nécessité de conditions données. Si ces conditions sont « connues » dans leur contingence, le processus restera ouvert. Il demeurera éthique, c'est-à-dire apte à préserver la liberté des acteurs. Leur liberté consistera à s'approprier, en aval, les repères posés, afin de délier la nécessité du pouvoir et de la force.

Un processus éthique, pensé à partir d'un schème « effectif-processuel », peut constituer un paradigme pour penser à la fois la légitimité et l'effectivité des droits subjectifs. Légitimes à permettre que la puissance ne soit annexée ni au pouvoir ni à la force, ils ouvrent un processus effectif, en aval, où les conditions seront appropriées de façon créative par les agents, leur permettant ainsi de préserver leur liberté. Cette appropriation pourra exiger, comme elle l'a fait historiquement, une redéfinition des droits, et une pluralisation qui atteste de leur adaptation à des contextes changeants.

Un processus éthique prend sens à se distinguer du processus ontologique, qui pose la nécessité des déterminations (les identités et les intérêts), dans un jeu extérieur ou immanent des volontés concernées, qui s'orientent de façon non-distanciée vers la satisfaction immédiate de ces déterminations.

Il convient à ce stade de tester le schème effectif-processuel sur quelques apories classiques relatives au statut des droits de l'homme.

QUELQUES IMPLICATIONS DU CHANGEMENT DE PARADIGME

DROIT NATUREL ET DROIT POSITIF

La définition d'un nouveau paradigme pour comprendre les droits implique de déplacer les lignes, les repères théoriques, les horizons de sens. S'il ne saurait être question ici d'offrir une théorie développée, il convient d'indiquer quelques-uns de ces réaménagements du sens que ce paradigme permet et exige en même temps.

Comprendre la liberté des agents comme une « assomption » des conditions, identités et intérêts, qui sont les leurs en contexte, donc comme une capacité à les connaître comme contingents rend de peu d'intérêt la question de savoir si ces conditions (et les droits sont une forme de conditions) sont naturelles ou positives. Leur légitimité ne vient pas de ce qu'elles sont de nature, ni de la volonté qui les pose librement, mais de ce qu'elles se révèlent à même, en contexte, de libérer des processus éthiques, donc de permettre que les acteurs « assument » effectivement les conditions qui sont les leurs. L'opposition droit naturel/droit positif ne serait plus un cadre adéquat pour penser les droits.

L'on connaît les efforts de Leo Strauss pour retrouver une signification vivante du « droit naturel », contre ce qu'il dénonce comme l'« historicisme » et le « positivisme » où convergerait de façon désastreuse toute la philosophie moderne[1].

Selon lui, les sciences sociales présentent la forme achevée de l'historicisme, lorsqu'elles contestent l'opposition même de la norme et du fait (toute pensée

1 Voir ce qu'il dit des « trois vagues de la modernité », respectivement le droit naturel moderne (Machiavel, Bacon, Hobbes, Spinoza, Descartes, Locke), la crise du droit naturel moderne (Rousseau, Kant, Hegel), l'historicisme radical (Nietzsche, Heidegger). Leo Strauss, *Political philosophy : six essays by Leo Strauss*, New York, Pegasus, 1975.

humaine est historique et ne saurait appréhender quoi que ce soit d'éternel), du positivisme lorsqu'elles interdisent toute discussion rationnelle des valeurs (qu'elles posent comme plurielles, opposées entre elles et indécidables)[2].

Sa première critique vise aussi bien l'historicisme rationaliste (Hegel), que l'historicisme empiriste (survivant dans les sciences sociales) et l'historicisme existentialiste (Heidegger), qui convergent pour ruiner l'opposition même de l'idéal et du réel. La deuxième vise au premier chef Maw Weber.

Or, l'historicisme, sous les trois formes évoquées ci-dessus, nous met face à trois concepts incomparables et hétérogènes du « fait » (ou « phénomène ») historique où viendrait se résorber la polarité de l'idéal et du réel. En même temps, ce concept ouvre à chaque fois une « perspective » où un processus historique prend sens.

Une telle perspective est aussi bien la constitution d'un plan d'intelligibilité pour un tel processus.

Nous sommes donc face à plusieurs plans de rationalité hétérogènes.

La position de Weber prend sens devant une telle pluralité.

Il pose une diversité irréductible des valeurs et des systèmes de valeurs devant laquelle l'homme engagé devra choisir d'une façon qui sera, ultimement, irrationnelle. Aucune science ne légitime de façon incontestable l'adhésion à une valeur donnée. En revanche, il faudra distinguer « jugement de valeur » et « rapport aux valeurs[3] ». Si le scientifique mettra en œuvre, dans ses élaborations théoriques, un rapport aux valeurs, il s'abstiendra, en tant que scientifique, de tout jugement de valeur.

Il faut à cet égard souligner que la référence au « droit naturel » que veut réintroduire Strauss prend elle-même la forme d'une thématisation d'un plan de rationalité déterminé. Les êtres naturels sont déterminés « en eux-mêmes » de façon nécessaire. Ils expriment une constitution intrinsèquement finalisée. C'est cette nécessité qui permet d'appuyer la légitimité du droit naturel, en le présentant comme irréductible à son aspect conventionnel.

Il semble que si l'on écarte toute adhésion unilatérale à un plan unique de rationalité totalisant, l'on se trouve devant la pluralité hétérogène des valeurs repérée par Max Weber. Et l'adhésion à telle ou telle valeur sera, en dernier ressort, irrationnelle. Les valeurs seraient, dans leur détermination, des faits historiques inclassables, incomparables.

---

2 Voir Leo Strauss, *Droit naturel et histoire*, Paris, Plon, 1954.

3 Max Weber, *Le savant et le politique*, Paris, Plon, 1959, avec la belle introduction de Raymond Aron.

Ne nous y trompons pas. Disant cela, non reconnaissons, dans ce nivellement de « toutes » les valeurs, la résurgence d'un plan unique de rationalité, pour lequel, justement, les valeurs sont des déterminations extérieures les unes aux autres, trouvées toutes faites dans le champ objectif des « phénomènes » historiquement accessibles.

Que l'on se meuve dans un plan rationnel homogène, avec une hiérarchie nettement marquée des valeurs (éventuellement une hiérarchie reconnue comme naturelle) ou que l'on soit devant une pluralité opposée et non-hiérarchisable de déterminations données dans l'extériorité, dans les deux cas, l'on présuppose, l'on se meut dans un cadre théorique strictement jalonné par une antériorité de la détermination sur le possible.

Des déterminations en soi des êtres naturels aux déterminations trouvées toutes faites dans l'extériorité de valeurs relatives, c'est cette antériorité qui se trouve déclinée et ratifiée.

Le renversement de cette antériorité, au profit du possible, radicalise donc la remise en cause de l'opposition entre le droit naturel et le droit positif.

Non pas que celle-ci soit vraie ou fausse. Mais elle facilite une dérobade devant la responsabilité qui est la nôtre d'ouvrir un processus éthique, depuis la situation qui est la nôtre, devenant ainsi providence pour notre prochain.

LIBÉRAUX ET COMMUNAUTARIENS

Le paradigme effectif-processuel permet aussi de désamorcer la contradiction entre un sujet qui serait antérieur à ses fins et un sujet qui serait simplement défini par ses fins.

L'on aura reconnu le thème de l'antériorité du juste sur le bien, ou du bien sur le juste, qui est au cœur de l'opposition des libéraux et des communautariens, qui a informé en profondeur les débats politiques outre-Atlantique avant de toucher l'Europe[4].

4 Voir la discussion très claire, qui offre un spectre très large, de la question, dans François Huguenin, *Résister au libéralisme. Les penseurs de la communauté*, Paris, CNRS éditions, 2009.

Les libéraux, et d'abord le libéral le plus discuté du XXe siècle, John Rawls, mettent en avant le concept d'un sujet désengagé, donc un sujet qui serait à même de mettre à distance et de relativiser l'adhésion, que ce soit la sienne ou celle des autres, à une doctrine déterminée du bien (morale, philosophique, religieuse). Une telle doctrine du bien impliquerait une conception substantielle, et pas seulement formelle, d'un « bien » déterminé, pour lequel le sujet s'engage.

Mais Rawls pose une antériorité du juste sur le bien[5]. Le sujet est à même de mettre à distance les différentes conceptions du bien. Ce faisant, il se rend capable de choisir des principes de justice qui seront valides pour toute personne qui souscrit au contrat social.

Le choix des principes de justice se fait dans une « position originelle », où le sujet se trouve sous un « voile d'ignorance ». Ainsi, le thème classique du contrat social, cher aux libéraux, se voit réinvesti avec une force neuve, qui tente de le rendre plus largement acceptable en offrant une vision moins abstraite et désincarnée du sujet qui choisit ces principes[6]. Le voile d'ignorance, assurant que le sujet qui délibère ne connaît pas la place qui sera la sienne dans la société concrète, désamorce les biais égoïstes qui pourraient affecter la délibération.

Mais, plus profondément, le choix équitable des principes de justice demande que les sujets fassent abstraction des valeurs et des buts déterminés qui sont les leurs.

La conception d'un sujet qui soit à même de relativiser ses fins, qui donc leur soit antérieur, en fait un sujet « indéterminé ». Pourtant, un choix exprime toujours une détermination, même si celle-ci n'est pas nécessaire. Or, pour toute théorie du contrat, c'est le choix des sujets délibérant dans la position originelle qui fait la validité et la légitimité des principes de justice.

Après examen, il semble que l'indétermination des sujets de la délibération soit ambigüe. Ils sont indéterminés en un sens rationnel, puisqu'ils mettent leurs fins substantielles à distance. Mais ils sont déterminés dans leur sensibilité, puisque leur choix manifeste leur « peur » de se trouver, dans la société concrète, dans une position défavorisée[7]. La peur a pu être caractérisée comme la passion libérale

---

5 Rawls, *Théorie de la justice*, Paris, Seuil, 2009, p. 57.
6 C'est l'intention explicite de Rawls, *Idem.*.
7 Huguenin, *Op. cit.*, p. 41.

par excellence. Il suffit de se rappeler le rôle décisif qu'elle joue chez Hobbes, pour qui la peur de la guerre de tous contre tous, la peur de la mort violente aux mains d'autrui, est le moteur décisif de l'entrée en société.

Dès lors, l'ordre rationnel qui se dessine dans le choix des principes de justice n'est pas intégré à un ordre de la sensibilité. Et cela est inévitable tant que l'on fait dépendre la légitimité du contrat social d'un « choix » qui est celui de « volontés » subjectives déterminées. Un choix, même unanime, ne pourra que révéler une telle détermination sous-jacente.

Si, en retour, l'on pose une antériorité du bien sur le juste, comme l'ont fait les auteurs communautariens, pour qui le sujet « se définit » par ses engagements déterminés en faveur de valeurs substantielles, et pour qui il ne peut donc s'abstraire des relations concrètes qui font la richesse de sa vie partagée (morale, culturelle, religieuse), il y a un risque pour que cet engagement ne soit pas réellement libre, mais exprime simplement une appartenance qui s'impose à lui en raison du lieu géographique et social où il est né par hasard.

Le choix en faveur d'une antériorité du juste sur le bien comme celui qui opte pour une antériorité du bien sur le juste, ne peut qu'exprimer, dans les deux cas, dans la détermination de principes de justice soigneusement choisis, comme dans celle de valeurs que l'individu trouve partagées dans la société qui est la sienne, une antériorité, invisible, de la détermination sur le possible.

Le choix d'un sujet, pour des principes de justice ou pour des valeurs, qu'il veut à chaque fois, et pour lesquels il opte, manifeste sa détermination ontologique en tant que sujet désirant, et donc ne peut sortir du cadre défini par une ontologie politique.

L'EFFICACITÉ ÉCONOMIQUE EN DROIT ET LES DROITS DE L'HOMME

L'analyse économique du droit, apparue aux États-Unis au milieu du siècle dernier, et aujourd'hui florissante, tente « d'appliquer les méthodes et les concepts économiques à l'étude du droit et de mettre l'accent sur les effets économiques des règles juridiques[8]. »

Il semble que l'introduction de l'efficacité économique « parmi » les critères qui interviennent dans l'énoncé des lois puisse être la bienvenue dans l'optique d'une rationalisation des choix publics. En même temps, le spectre d'une application trop unilatérale de ce critère soulève des inquiétudes légitimes en lien avec les conséquences qu'elle pourrait avoir, notamment pour la question des droits de l'homme.

En réalité, il semble intéressant de noter que l'efficacité économique en droit comme l'ensemble en inflation constante des droits de l'homme sont toutes deux des tendances de fond de l'évolution juridique contemporaine.

S'il faut étudier avec attention une interaction potentiellement destructrice entre les deux qui est toujours possible, et qu'il faudra anticiper, l'on pourra aussi examiner une possible conciliation, une application convergente des deux critères.

Pour ce qui est de la question du « statut » des deux critères : efficacité économique et droits de l'homme, le paradigme effectif-processuel peut se révéler éclairant.

Tous deux mettent en avant, à première vue, une ontologie individualiste et conséquentialiste. Le premier met en œuvre un calcul qui vise à maximiser un profit ; le second insiste sur le respect de prérogatives subjectives.

Mais ce souci parallèle peut, au contraire, être vu comme une exigence purement méthodologique. Cela laisse la voie ouverte à une réévaluation du statut de ces critères. Tout l'intérêt d'une pensée de ce statut réside dans une caractérisation robuste de ce qui fait leur légitimité en lien avec leur efficacité.

Le paradigme effectif-processuel est un bon candidat pour penser ce statut.

Cela, d'une part, car il désactive la dimension ontologique de l'individualisme et du conséquentialisme. Ce n'est ni l'un ni l'autre qui fait la légitimité des deux critères, mais le fait qu'ils s'inscrivent dans ce qui fait un processus effectif, où une propension à l'œuvre dans le possible ouvre à une appropriation par les acteurs des conditions pertinentes en contexte.

---

8 Sylvain Bollée, Yves-Marie Laithier, Cécile Pérès (dir.), *L'efficacité économique en droit*, Paris, Economica, 2010, p. 2.

En même temps, ce paradigme entérine ce qui a été qualifié comme un « anti-dogmatisme » partagé par les deux critères[9], et qui est patent en ce que les deux ouvrent à une redéfinition constante des lois et des droits, permettant d'intégrer une inflation juridique qui ne porte pas atteinte à leur statut. Des deux côtés, les divisions académiques, liées à une conception dogmatique qui voulait que la validité des lois tienne dans leurs conditions formelles d'édiction, fait place à la mise en avant de leur application matérielle.

Les catégories juridiques se révèlent conventionnelles quant à leur lettre, en même temps que leur redéfinition et leur affinement est rendu possible et légitime par le procès de possible où ils s'inscrivent.

Les deux tendances de fond qui affectent les mutations contemporaines du droit appellent à une promotion du paradigme effectif-processuel contre le paradigme ontologique.

UNE REDÉFINITION ET UNE INFLATION DES DROITS JURIDIQUEMENT RECONNUS

Une pensée des processus éthiques est à même de permettre de comprendre qu'un même schème, celui des droits subjectifs, ait pu être redéfini et même pluralisé en une diversité de droits qui peuvent sembler parfois contradictoires. Une telle redéfinition était sans doute nécessaire lorsque les idéaux de la Révolution ont été confrontés aux nécessités du capitalisme naissant. De même, les droits-créances seront peut-être complétés par des droits des femmes, des droits des groupes ou des droits environnementaux. À chaque fois, une situation nouvelle exige une reprise, une redéfinition, une spécification des droits existants, qui leur permet de préserver la viabilité du possible à l'œuvre, donc de libérer un processus éthique, dans lequel chacun, en aval, pourra s'inscrire, en « assumant » les conditions qui sont les siennes.

Ainsi, il ne s'agit pas de choisir entre droits civils, droits politiques et droits sociaux. Chacun de ces droits doit être envisagé, en contexte, selon sa capacité à réaliser la liberté des acteurs, donc selon son aptitude

9 Sylvain Bollée, Yves-Marie Laithier et Cécile Pérès (dir.), *Op. cit.*, p. 21.

à les rendre à même d'« assumer » les conditions qui sont les leurs, autrement dit, selon son efficacité à libérer la « puissance » de la nécessité du « pouvoir » et de la « force ».

La diversité des droits, inscrite dans un processus effectif historiquement documenté, n'est aucunement une objection contre eux. Non seulement elle ne les fragilise pas, mais elle est la marque de leur potentiel, qui fut libéré à chaque étape de cette adaptation aux nouvelles circonstances économiques, sociologiques et politiques.

Cette diversité trouve, dans le paradigme effectif-processuel, non seulement une attestation de sa légitimité, mais une intelligibilité de son efficience.

Le fait que de nouveaux droits puissent s'inscrire dans des rationalités qui pourraient entrer en contradiction, non seulement avec des droits antérieurs, mais avec les intelligibilités qui portaient ces droits, devra être très sérieusement envisagé.

Les juges se trouveront alors dans l'obligation de trancher entre des droits également cohérents, également valides et également défendables. Faudra-t-il privilégier la liberté ou la dignité de la personne ? Optera-t-on pour la liberté des Anciens (droits de participation et de communication qui autorisent la pratique d'auto-détermination des citoyens) ou celle des Modernes (droits privés subjectifs, liberté de croyance et de conscience, protection de la vie, liberté personnelle)[10].

Mais précisément, le juge se trouve, en contexte, dans une position unique, où il est irremplaçable. Le paradigme effectif-processuel rend pensable un rapport précis au possible qui innerve cette situation. Or celle-ci, précisément, porte sa propre exigence. Les conditions effectives y sont impliquées d'une manière unique et incomparable. Le rapport entre ces conditions, et, de même, le rapport de plusieurs « droits » pertinents, sera pris d'une façon irrépétable dans ce contexte précis.

---

10 Voir la discussion de cette question dans Jürgen Habermas et John Rawls, *Débat sur la justice politique*, Paris, Cerf, 1997, p. 41. La distinction de deux concepts de liberté est essentielle au libéralisme. L'expression canonique en est donnée par Isaiah Berlin, *Éloge de la liberté*, Paris, Calmann-Lévy, 1988, « Deux concepts de liberté », qui emprunte cette distinction à Benjamin Constant, *Écrits politiques*, Paris, Gallimard, 1997, « De la liberté des Anciens comparée à celle des Modernes », p. 589 *sqq.* Berlin oppose une liberté d'action « positive » à une liberté « négative », celle qui consiste à ôter les obstacles qui pourraient entraver mon action (*Op. cit.*, p. 43).

Ce paradigme ne fournit certes pas une « recette », une formule simple applicable de façon trans-contextuelle, pas plus qu'il n'énonce une « procédure » inhérente à la discussion en général[11]. Il invite à pondérer les conditions pertinentes de façon à libérer un potentiel latent, une retombée du drapé où chaque condition sera assumée.

L'aspect aporétique d'une pluralité incommensurable de droits valides, avec son corollaire : un choix qui serait dès lors irrationnel, ultimement injustifiable, et arbitraire, repose sur la considération de droits que l'on trouve tout faits, et qui entrent dans un rapport d'extériorité, de simple juxtaposition.

Rendre ces droits à leur contingence revient à défaire ces déterminations externes (ontologiques), déjà données, pour dégager un processus viable où chacun sera repris et assumé, à partir d'une décision pour une antériorité du possible sur les déterminations.

La pluralité des droits, et même le fait qu'ils puissent s'opposer les uns aux autres (qui n'est pas, soulignons-le, la règle), ne saurait donc constituer un argument contre ces droits (même seulement considérés relativement à leur lettre).

Elle pourra être vue comme un signe de l'adaptabilité, de la plasticité créatrice d'un outil à même de désamorcer les injustices systématiques qui se font jour dans un monde en évolution accélérée, et qui doit en même temps rester à même de contrer les fléaux qui caractérisaient l'ancien monde.

11 Il n'est pas possible ici de développer une critique du procéduralisme habermassien, avec son accent optimiste mis sur la discussion et ses prérequis nécessaires. Son intuition majeure, déclinée dans une pensée particulièrement prolixe et endurante est celle-ci : « Dans le cadre de la théorie de l'agir communicationnel, je m'attache au contraire à établir la plausibilité du fait qu'une personne, socialisée dans quelque langue et dans quelque forme culturelle de vie que ce soit, ne peut pas ne pas s'engager dans des pratiques communicationnelles et, par là même, ne peut pas ne pas faire fond sur certaines présuppositions pragmatiques que nous tenons pour être de portée générale. La reconstruction du contenu intuitif de ces inévitables présuppositions de l'action communicationnelle consiste à révéler le réseau des idéalisations performatives au sein duquel les sujets agissant et communiquant se découvrent engagés, sans qu'ils puissent s'y soustraire, dès lors qu'ils participent à de telles pratiques culturelles. » (*L'éthique de la discussion et la question de la vérité*, Paris, Grasset, 2003, p. 29).

DES DROITS ABSTRAITS QUANT À LEUR LETTRE

Pour ce qui est des critiques traditionnelles des « abstractions normativistes, universalistes et moralistes[12] », la plus puissante reste à ce jour celle de Hegel. Il n'est pas question ici de la discuter de façon développée. Il faut pourtant préciser un point essentiel.

Les droits, abstraits en tant qu'instance critique et critères définis de la justice d'une politique, sont universels en et par l'efficacité du processus éthique qu'ils libèrent à protéger la « puissance » individuelle du « pouvoir » et de la « force », à chaque fois, en contexte.

La puissance ainsi comprise (qui n'est sans doute pas celle de Spinoza, ni celle de Negri) doit être pensée par contraste avec la vie éthique hégélienne, dont les déterminations nécessaires sont articulées dans le négatif. La dialectique tient fermement le négatif, comme nécessaire, à sa base, pour progresser de façon nécessaire[13].

La puissance, au contraire, est pure contingence, la pure contingence de ses moments, à chaque fois gagnés contre le pouvoir, et contre la force. Elle répond à ce qui a été caractérisé plus haut comme « intensité négative ». Même si elle apparaît extérieurement comme une « force morale » (le sens propre d'une puissance), elle est en réalité le point unique où toutes les forces s'annulent, donc la singularité morale (à laquelle le penseur peut accéder en contexte), qui est incommensurable à telle ou telle identité, à tel ou tel intérêt qui se présentent comme nécessaires en tant qu'ils sont pensés dans un même plan rationnel. Un rapport de forces ne peut que déployer un seul plan rationnel. Une singularité morale relativise et désamorce tout plan rationnellement fermé.

Elle exprime la connaissance des conditions pertinentes, de toutes les conditions pertinentes, comme contingentes. Dans cette connaissance, elle maintient ouvert le processus effectif, où, à chaque fois, de nouveaux agents trouveront à assumer leurs conditions, en s'insérant dans ce mouvement ouvert, cette viabilité dans le possible.

---

12 Jean-François Kervégan, *Hegel, Carl Schmitt. Le politique entre spéculation et positivité*, Paris, PUF, 2005, p. 26.

13 Voir, pour rendre justice à Hegel penseur de la contingence, Bernard Mabille, *Hegel. L'épreuve de la contingence*, Paris, Hermann, 2013.

La norme, l'universalité, la morale, sont alors certes « abstraites ». Mais leur réalité consiste bien plutôt dans la liberté des agents qu'elles permettent. La norme s'inscrit dans un processus de possible, l'universel dit ce processus, la morale l'exige. Le processus effectif réalise la norme, dans son universalité, qui est de nature morale. Et, à chaque fois, le processus prend sens en tant que contingent. La norme trouve son sens dans une adaptation contingente au contexte ; l'universalité est connaissance de cette contingence ; la morale se recueille dans cette contingence qu'elle accueille.

L'abstraction n'est pas alors opposée à l'effectivité. Elle la permet plutôt, laissant le processus ouvert sur sa viabilité, dans sa contingence. Le processus est fait de reprises inventives, d'appropriations créatives des conditions, par les acteurs qui réalisent ainsi leur liberté. Le négatif n'est pas son moteur.

Si le négatif n'est plus pensé comme le pivot du processus historique nécessaire qui relève et assume les déterminations abstraites du droit, si donc l'histoire ne peut plus être pensée comme un processus unique, finalisé, et totalisé, où le fait et le droit coïncident[14], l'abstraction ne doit pas pour autant être considérée comme une multiplicité de déterminations en soi, closes et extérieures les unes aux autres, le choix devant porter sur l'une d'elles étant soumis, au mieux, à une procédure rationnelle définie de façon acontextuelle.

Il s'agit au contraire de retrouver un « sens du possible ». Non pas donc simplement énoncer les critères d'une délibération extérieure à ces conditions abstraites, que l'on trouve toutes faites, et dont il s'agirait d'évaluer la validité intrinsèque, celle qui serait objectivement attachée à leur lettre, de façon indépendante par rapport au contexte où l'acteur délibère.

C'est la redéfinition compossibilisante des droits (qui implique leur inflation *de facto*) qui annule en quelque sorte leur abstraction, en cela qu'elle les reprend dans un rapport vécu au possible, qui n'est pas pourtant « subjectif », puisqu'il ne s'agit pas du « choix » d'un sujet volitif ou désirant. Il s'agit plutôt de la libération objective d'un potentiel latent.

L'abstraction elle-même est désamorcée avec le sujet ontologiquement déterminé. Seul s'offre à la pensée un processus éthiquement structuré[15].

---

14 Voir la critique de Leo Strauss, ci-dessus.

15 Voir mon livre, *La liberté comme processus éthique*, Londres, ISTE, 2018, dont la traduction anglaise est parue sous le titre *Ethically Structured Processes*, Londres, ISTE et Hoboken

DE LA PERTINENCE D'UN DROIT DE L'HOSPITALITÉ

Étienne Balibar pointe avec beaucoup de justesse l'actualité des droits de l'homme en plaidant pour un « droit de l'hospitalité[16] ».

Alors que les Déclarations font de « l'appartenance nationale et de la souveraineté territoriale l'horizon absolu des dispositifs de protection des personnes », la situation présente exige de penser des moyens pour « limiter l'arbitraire des États, avec des contre-pouvoirs internationalement reconnus ».

L'innovation demandée est radicale. Mais elle est à la mesure de la violence subie par les migrants, qui se retrouvent privés de droits, traités « en ennemis » par les pays d'accueil, harcelés par la police, et ballotés d'un lieu à l'autre. Les brutaliser, établir des listes de pays d'origine dont les ressortissants sont interdits d'entrée *a priori*, « externaliser », pour les États, la « gestion » des flux de migrants, négocier avec des pays tiers, jugés « sûrs », des accords de troc, tout cela revient à traiter les hommes comme des choses, sans prêter attention aux demandes qui sont les leurs, ni à ce qu'ils pourraient de leur côté apporter aux pays d'accueil.

Les « errants » ne sont ni une « classe », ni une « race », ni la « multitude », mais « une partie mobile de l'humanité », « suspendue entre la violence d'un déracinement et celle d'une répression ». Cette double peine est humainement insupportable. Mais, surtout, elle est injustifiable.

Si l'on reprend la distinction entre « puissance », « pouvoir » et « force », la violence des pouvoirs étatiques, qui broie les individualités, et les prive du choix de leur propre vie, constitue un obstacle extérieur, plaqué, abstrait, qui les empêche de mener la vie qu'ils ont choisie, et qu'ils ont des raisons de valoriser. Mais surtout, cette violence ne profite à la liberté de personne. Elle ne pourra jamais libérer de puissance pour les citoyens des pays d'accueil, et elle empêchera, au contraire, les migrants, d'être à même d'assumer les conditions qui sont les leurs, et d'apporter la richesse qu'ils portent en eux et leur jeunesse à leur pays d'accueil.

(USA), Wiley, 2019.

16 Mon propos en cette Implication 6 rejoint entièrement et se fait l'écho d'Étienne Balibar, « Pour un droit international de l'hospitalité », *Le Monde*, 16 août 2018.

D'un point de vue théorique, un nouveau moment critique doit intervenir, sous la forme de droits internationalement reconnus, et opposables par les migrants au pays d'accueil, afin de limiter la violence, la double peine, subie par les déracinés qui frappent à nos portes, et afin de les rendre à même de déployer les richesses, la diversité et la jeunesse qu'ils ont en eux et qu'ils sont en mesure d'apporter à nos pays vieillissants. Ainsi, les migrants pourront réaliser leur rêve, et nos pays pourront « assumer » les principes dont ils s'enorgueillissent à juste titre, sans léser la liberté de personne.

CONCLUSION

Le propos du présent volume vise à illustrer la fécondité d'un changement de paradigme en philosophie, celle d'un passage du schème « ontologique » à un schème « effectif-processuel ».

Cette transition concrétise l'inversion du postulat ontologique, qui posait une antériorité de la détermination sur le possible. Selon ce postulat, toute la possibilité des conditions vient exclusivement de conditions antérieures. Et cela a pour conséquence un « oubli », une invisibilisation de l'élément de possible, tel qu'il traverse la situation où le penseur est engagé.

Retrouver un sens de l'élément de possible, afin d'être à même de libérer des processus efficaces, donc une viabilité au sein de ce possible : voilà la tâche qui est ici déclinée en trois volets : logique, moral et politique.

Après le moment incarné par Nietzsche et Marx, une théorie ne peut plus être vue que comme une logique au service d'une détermination subjective (identité ou intérêt) qui tient sa nécessité de la volonté qui la pose. Cette nécessité dit que les conditions sont considérées comme allant de soi, et qu'elles ne peuvent être mises à distance par les acteurs.

L'inversion du postulat ontologique invite à connaître toutes les conditions pertinentes comme essentiellement « contingentes ». Cette connaissance rendra le penseur à même de libérer un processus efficace où ces conditions seront reprises et « assumées », chacune à sa place. Il va remonter en amont des processus efficaces, dans la latence du possible, pour libérer un processus « intégré » (qui ne déviera pas par rapport à l'innervation du possible active en situation).

Connaître les conditions, avec leurs logiques respectives, comme contingentes, ce sera une connaissance sur la connaissance. La connaissance pratique sera connaissance du statut de la connaissance théorique, ni plus, ni moins.

On peut dire cela autrement : le philosophe recherche un ordre des idées « intégré » à un ordre de la sensibilité. Cela est rendu possible par une discipline, qui pourra prendre la forme de « méditations morales ». Cultiver un ordre de la sensibilité en refusant le cynisme et la flatterie (sous toutes leurs formes) permet un détachement effectif par rapport à toutes les conditions, qui mène à les connaître comme contingentes.

Cette discipline permet au penseur de se poser comme « singularité » morale, et non comme une « unité » ontologique, celle d'un « esprit » qui chercherait à s'affirmer comme « force ». La singularité sera ce point où toutes les forces (tenant leurs conditions pour nécessaires) s'annulent en tant que forces.

Le passage de la nécessité à la contingence impose de bouger les lignes de la pensée, aussi bien pour ce qui est de la question des mondes possibles, que pour celle des présuppositions de la méta-éthique, ou encore en relation avec la question essentielle de la philosophie politique de notre temps : celle d'un « sujet » universel à émanciper.

Il faut encore, en ce point, préciser les implications de ce tournant pour ce qui est de la compréhension des droits qui est ici proposée. Considérons les rapports entre la légitimité et l'effectivité de ces droits.

Ces deux dimensions ne peuvent être que *séparées* et *opposées* si l'on adopte le paradigme ontologique. Celui-ci ne peut penser la légitimité des droits qu'à partir de la nécessité des processus historiques qui amènent leur réalisation. Cette nécessité implique des déterminations prises dans un rapport extérieur ou interne de volontés qui tiennent ces déterminations fermement comme nécessaires à leur base. Le processus ontologique ainsi établi développe sa nécessité selon l'extériorité du jeu des détermination ou selon le ressort intime du négatif.

Des droits ne peuvent être « lus » dans un sujet que de façon abstraite. Ils sont dès lors étrangers à l'effectivité concrète du processus. En revanche, si l'on s'attache au contenu concret du processus observable, l'on est forcé d'admettre qu'il implique la violation répétée des droits qui ont été posés abstraitement.

Il en va tout autrement dès que l'on se résout à penser le processus comme contingent de part en part. Si on le connaît comme tel, si l'on « sait » que toutes les conditions, identités et intérêts, pertinentes, sont contingentes, et peuvent être mises à distance dans une délibération rationnelle ouverte, celles-ci pourront être « assumées » par les acteurs impliqués.

Des droits définis peuvent être pensés comme ouvrant un tel processus. Posés en amont, ils seront à même d'ouvrir à une appropriation par les acteurs, en aval, chacun à sa place, des conditions dans lesquelles ils se reconnaîtront. Ils permettront ainsi une perpétuation du processus, ouvert sur sa viabilité. Le processus contingent se développera sans se figer en la nécessité fictive d'une condition donnée.

Un processus contingent libérera des possibles pour la « puissance », en déjouant la nécessité que tentent de lui imposer le « pouvoir » et la « force », l'intervention étatique externe et la prégnance de conditions que le sujet échoue à mettre à distance et qui donc le pré-déterminent dans ses choix.

Les droits offrent un « critère » de l'« assomption » des conditions, en contexte. Ils permettent de dire si un processus est éthique, donc préserve la liberté des acteurs, c'est-à-dire leur puissance, contre le pouvoir et la force.

La légitimité des droits tient dans leur efficacité à libérer des processus éthiques. Ils permettent de repérer si un processus est ouvert sur sa perpétuation, dans une viabilité du possible, où toutes les conditions sont « connues » comme contingentes.

En même temps, l'effectivité des droits révèle la légitimité qui est la leur. Les deux moments ne peuvent être séparés. Leur légitimité « est » leur effectivité.

BIBLIOGRAPHIE

ABATE, Bernard, *La nouvelle gestion publique*, Paris, Librairie générale de droit et de jurisprudence, 2000.

ADAMS, Robert, "Theories of Actuality", *Nous*, 8, 1974.

ALITTO, Guy, *The Last Confucian. Liang Shu-ming and the Chinese Dilemma of Modernity*, Berkeley, Los Angeles, London, University of California Press, 1986.

ARENDT, Hannah, *La crise de la culture*, Paris, Gallimard, 1972.

ARENDT, Hannah, *Condition de l'homme moderne*, Paris, Calmann-Lévy, 1983.

ARENDT, Hannah, *L'impérialisme* (tome 2 des *Origines du totalitarisme*), Paris, Fayard, 1984.

ARENDT, Hannah, *Juger. Sur la philosophie politique de Kant*, Paris, Seuil, 1991.

ARENDT, Hannah, *Qu'est-ce que la politique ?*, Paris, Seuil, 2014.

ARISTOTE, *Physique*, trad. Pierre Pellegrin, Paris, Flammarion, 2000

ARISTOTE, *Métaphysique*, traduction Tricot, tomes I et II, Paris, Vrin, 2000 et 1991.

ARISTOTE, *Éthique à Nicomaque*, trad. Tricot, Paris, Vrin, 1990.

ARISTOTE, *Organon*, tome I et II, *Catégories. De l'Interprétation*, trad. Tricot, Paris, Vrin, 2008.

ARISTOTE, *Organon*, tome IV, *Les seconds analytiques*, trad. Tricot, Paris, Vrin, 2000.

ARMSTRONG, David, *A Combinatorial Theory of Possibility*, Cambridge, Cambridge University Press, 1989

AUBENQUE, Pierre, *Le problème de l'être chez Aristote*, Paris, PUF, 1997.

BALIBAR, Étienne, « Pour un droit international de l'hospitalité », *Le Monde*, 16 août 2018.

BENOIST, Jocelyn, *Représentations sans objet, aux origines de la phénoménologie et de la philosophie analytique*, Paris, PUF, 2001

BERLIN, Isaiah, *Éloge de la liberté*, Paris, Calmann-Lévy, 1988.

BOLLÉE, Sylvain, LAITHIER, Yves-Marie, PÉRÈS, Cécile (dir.), *L'efficacité économique en droit*, Paris, Economica, 2010

BUTLER, Judith, LACLAU, Ernesto et ZIZEK, Slavoj, *Contingency, Hegemony, Universality. Contemporary Dialogues on the Left*, London, New York, Verso, 2000.

CHANGEUX, Jean-Pierre (dir.), *Fondements naturels de l'éthique*, Paris, Odile Jacob, 1993.
CHENG, Anne, *Histoire de la pensée chinoise*, Paris, Seuil, 1997.
CONFUCIUS, *Entretiens de Confucius*, trad. Anne Cheng, Paris, Seuil, 1981.
CONSTANT, Benjamin, *Écrits politiques*, Paris, Gallimard, 1997.
DESCARTES, René, *Œuvres et Lettres*, Paris, Gallimard, Bibliothèque de la Pléiade, 1953.
DIVERS, John, *Possible Worlds*, London and New York, Routledge, 2005.
DWORKIN, Ronald, *Justice pour les hérissons, La vérité des valeurs*, Labor et Fides, 2015.
ÉPICURE, *Lettres, maximes et autres textes*, trad. Pierre-Marie Morel, Paris, Flammarion, 2011.
FERRY, Luc, *Philosophie politique*, tome I, *Le droit : la nouvelle querelle des anciens et des modernes*, Paris, PUF, 1984.
FERRY, Luc, *Philosophie politique*, tome II, *Le système des philosophies de l'histoire*, Paris, PUF, 1984
FERRY, Luc, RENAUT, Alain, *Philosophie politique*, tome III, *Des droits de l'homme à l'idée républicaine*, Paris, PUF, 1984
FRIEDMAN, Milton, *Capitalisme et liberté*, trad. A. M. Charno, Paris, Flammarion, 2016.
GANDHI, « La mal ne se maintient que par la violence », suivi de DALAÏ LAMA, « La vérité est la seule arme dont nous disposons », Paris, Seuil, 2009.
GARCIA, Emmanuelle et NEF, Frédéric (textes réunis par), *Métaphysique contemporaine, Propriétés, mondes possibles et personnes*, Paris, Vrin, 2007.
GIRLE, Rod, *Modal Logics and Philosophy*, Montreal and Kingston, London, Ithaca, McGill-Queen's University Press, 2000.
HABERMAS, Jürgen, *Théorie et pratique*, tome I, Paris, Payot, 1975.
HABERMAS, Jürgen, *Droit et démocratie. Entre faits et normes*, Paris, Gallimard, 1997
HABERMAS, Jürgen, *L'éthique de la discussion et la question de la vérité*, Paris, Grasset, 2003.
HABERMAS, Jürgen et RAWLS, John, *Débat sur la justice politique*, Paris, Cerf, 1997.
HADOT, Pierre, *La philosophie comme manière de vivre*, Paris, Albin Michel, 2001.
HADOT, Pierre, *Exercices spirituels et philosophie antique*, Paris, Albin Michel, 2002.
HARDT, Michael et NEGRI, Antonio, *Multitude. War and Democracy in the Age of Empire*, London, Penguin Books, 2004.
HAYEK, Friedrich August, *Droit, législation et liberté*, Paris, PUF, 2007.
HAYES, Richard, "Madhyamaka", *Stanford Encyclopedia of Philosophy* (Fall 2019 Edition), Edward N. Zalta (ed.)

HEGEL, Georg Wilhelm Friedrich, *La Raison dans l'Histoire*, trad. Papaioannou, Paris, 10/18, 1965.

HEGEL, Georg Wilhelm Friedrich, *Phénoménologie de l'Esprit*, trad. Jean-Pierre Lefebvre, Paris, Aubier, 1991

HEGEL, Georg Wilhelm Friedrich, *Principes de la philosophie du droit, ou Droit naturel et science de l'État en abrégé*, trad. Robert Derathé, Paris, Vrin, 1998

HEIDEGGER, Martin, *Essais et conférences*, trad. André Préau, Paris, Gallimard, 1958.

HEIDEGGER, Martin, *Chemins qui ne mènent nulle part*, trad. Wolfgang Brokmeier, Paris, Gallimard, 1962.

HEIDEGGER, Martin, *Le principe de raison*, trad. André Préau, Paris, Gallimard, 1962.

HEIDEGGER, Martin, *Nietzsche*, tome II, trad. Pierre Klossowski, Paris, Gallimard, 1971.

HEIDEGGER, Martin, *Être et temps*, trad. François Vezin, Paris, Gallimard, 1986.

HEIDEGGER, Martin, *Questions III et IV*, Paris, Gallimard, 1990.

HEIDEGGER, Martin, *Écrits politiques (1933-1966)*, trad. François Fédier, Paris, Gallimard, 1995

HOBBES, Thomas, *Œuvres complètes*, 11/2, *Les questions concernant la liberté, la nécessité et le hasard*, Paris, Vrin, 1999

HOBBES, Thomas, *Le citoyen*, Paris, GF Flammarion, 1982.

HOBBES, Thomas, *Léviathan*, trad. Tricaud, Paris, Sirey, 1971

HONNETH, Axel, *La lutte pour la reconnaissance*, Paris, Gallimard, 2000.

HONNETH, Axel, *Le Droit de la Liberté. Esquisse d'une éthicité démocratique*, Paris, Gallimard, 2015.

HUGUENIN, François, *Résister au libéralisme. Les penseurs de la communauté*, Paris, CNRS éditions, 2009.

HUME, David, *Traité de la nature humaine*, Livre III, La Morale, Paris, Flammarion, 1999.

HUME, David, *Enquête sur les principes de la morale*, Paris, GF Flammarion, 1991.

KANT, Emmanuel, *Critique de la Faculté de Juger*, trad. Philonenko, Paris, Vrin, 1984.

KANT, Emmanuel, *Opuscules sur l'histoire*, trad. Stéphane Piobetta, Paris, Flammarion, 1990.

KANT, Emmanuel, *Critique de la raison pratique*, trad. François Picavet, Paris, PUF, 1997.

KANT, Emmanuel, *Critique de la raison pure*, trad. Alain Renaut, Paris, Aubier, 1997.

KERVÉGAN, Jean-François, *Hegel, Carl Schmitt. Le politique entre spéculation et positivité*, Paris, PUF, 2005.

KEUCHEYAN, Razmig, *Hémisphère gauche. Une cartographie des nouvelles pensées critiques*, Paris, La Découverte, 2017.

KRIPKE, Saul, *Naming and Necessity*, Oxford, Blackwell, 1980.

LAOZI, *La Voie et sa Vertu*, trad. François Houang et Pierre Leyris, Paris, Seuil, 2009.

LEFORT, Claude, *L'invention démocratique*, Paris, Fayard, 1981

LEIBNIZ, *Essais de Théodicée, sur la bonté de Dieu, la liberté de l'homme et l'origine du mal*, Paris, Flammarion, 1999.

LEIBNIZ, *Principes de la nature et de la grâce fondés en raison*, suivi de *Principes de la philosophie ou monadologie*, Paris, PUF, 2002.

LEIBNIZ, *Discours de Métaphysique et Correspondance avec Arnauld*, Paris, Vrin, 2016.

LENOIR, Virgil Cristian, *Le potentiel éthique de l'efficacité. Responsabilité et contingence*, Londres, ISTE, 2015.

LENOIR, Virgil Cristian, *La liberté comme processus éthique*, Londres, ISTE, 2018.

LEWIS, David K., *On the Plurality of Worlds*, Oxford, Blackwell, 1986.

MABILLE, Bernard, *Hegel. L'épreuve de la contingence*, Paris, Hermann, 2013

MALLARMÉ, Stéphane, *Igitur, Divagations, Un coup de dés*, Paris, Gallimard, 2003.

MALRAUX, André, *La tentation de l'Occident*, Paris, Grasset, 1926.

MARSHALL, Thomas Humphrey, *Class, Citizenship and Social Development*, Westport, Connecticut, Greenwood Publishing Group, 1973.

MARX, Karl, *Le Capital*, Livre 1, trad. Maximilien Rubel, Paris, Gallimard, 1968

MARX, Karl, *Œuvres*, tome III, *Philosophie*, Paris, Pléiade, 1982.

MARX, Karl, *Sur la question juive*, trad. Jean-François Poirier, Paris, La Fabrique, 2006.

MARX, Karl et ENGELS, Friedrich, *Manifeste du Parti communiste*, suivi de *Critique du programme de Gotha*, Paris, Le Livre de Poche, 1973

MEILLASSOUX, Quentin, *Après la finitude. Essai sur la nécessité de la contingence*, Paris, Seuil, 2012.

MESURE, Sylvie et RENAUT, Alain, *Alter ego. Les paradoxes de l'identité démocratique*, Paris, Flammarion, 1999.

MOU, Zongsan, *Spécificités de la philosophie chinoise*, trad. Ivan Kamenarovic et Jean-Claude Pastor, Paris, Cerf, 2003

NAGARJUNA, *Stances du Milieu par excellence*, trad. Guy Bugault, Paris, Gallimard, 2002.

NANCY, Jean-Luc, *L'expérience de la liberté*, Paris, Galilée, 1988.

NEGRI, Antonio, *L'anomalie sauvage. Puissance et pouvoir chez Spinoza*, Paris, Éditions Amsterdam, 2007

NEWLAND, Guy, *Appearance and Reality. The Two Truths in the Four Buddhist Tenet Systems*, Ithaca New York, Snow Lion Publications, 1999.

NIETZSCHE, Friedrich, *Œuvres philosophiques complètes*, tome VII, *Par-delà bien et mal ; La généalogie de la morale*, trad. Cornelius Heim, Isabelle Hildenbrand et Jean Gratien, Paris, Gallimard, 1971.

NUSSBAUM, Martha, *Capabilités : comment créer les conditions d'un monde plus juste ?*, Paris, Flammarion, 2012.

PAINE, Thomas, *The Rights of Man*, Londres, Seldon, 1958

PHILONENKO, Alexis, *Jean-Jacques Rousseau et la pensée du malheur*, 3 tomes, Paris, Vrin, 2002.

PRIGOGINE, Ilya et STENGERS, Isabelle, *La nouvelle alliance*, Paris, Gallimard, 1986.

PUTNAM, Hilary, *Fait/valeur : la fin d'un dogme et autres essais*, trad. Marjorie Caveribère et Jean-Pierre Cometti, Paris, L'éclat, 2004.

RANCIÈRE, Jacques, *Aux bords du politique*, Paris, Gallimard, 1998.

RAWLS, John, *Théorie de la justice*, Paris, Seuil, 2009.

ROMANO, Claude, *L'événement et le monde*, Paris, PUF, 1999.

ROUSSEAU, Jean-Jacques, *Sur l'économie politique ; Considérations sur le gouvernement de Pologne ; Projet pour la Corse*, Paris, Flammarion, 1990.

ROUSSEAU, Jean-Jacques, *Du contrat social*, Paris, GF, 2011.

SARTRE, Jean-Paul, *La nausée*, Paris, Folio, 1972.

SCHMITT, Carl, *La notion de politique. Théorie du partisan*, Paris, Flammarion, 1992.

SCHMITT, Carl, *Théorie de la Constitution*, Paris, PUF, 2013.

SEN, Amartya, *Un nouveau modèle économique. Développement, justice, liberté*, Paris, Odile Jacob, 2003

SEN, Amartya, *Rationalité et liberté en économie*, trad. Marie-Pascale d'Iribane-Jaawane, Paris, Odile Jacob, 2005.

SEN, Amartya, *Éthique et économie*, Paris, PUF, 2009.

SEN, Amartya, *The Idea of Justice*, Londres, Penguin Books, 2010.

SERBAN, Claudia, *Phénoménologie de la possibilité. Husserl et Heidegger*, Paris, PUF, 2016.

SMITH, Adam, *Recherches sur la nature et les causes de la richesse des nations*, II tomes, Paris, Flammarion, 1991.

SMITH, Adam, *Théorie des sentiments moraux*, Paris, PUF, 1999.

SPINOZA, Baruch, *Éthique*, édition bilingue, trad. Bernard Pautrat, Paris, Seuil, 1988.

SPINOZA, Baruch, *Traité théologico-politique*, Paris, Flammarion, 1965

STALNAKER, Robert, *Mere possibilities. Metaphysical Foundations of Modal Semantics*, Princeton and Oxford, Princeton University Press, 2012.

STRAUSS, Leo, *Droit naturel et histoire*, Paris, Plon, 1954

SUPIOT, Alain, *« Homo juridicus. » Essai sur la fonction anthropologique du droit*, Paris, Le Seuil, 2005.

SUPIOT, Alain, *La gouvernance par les nombres. Cours au Collège de France (2012-2014)*, Paris, Arthème Fayard, 2015.

SUPPES, Patrick, *Logique du probable*, Paris, Flammarion, 1981.

SUPPES, Patrick, *Probabilistic Metaphysics*, Oxford, Basil Blackwell, 1984

TAYLOR, Charles, *Multiculturalisme. Différence et démocratie*, Paris, Flammarion, 2009.

TERRÉ, Dominique, *Les questions morales du droit*, Paris, PUF, 2007.

THAKCHOE, Sonam, "The Theory of Two Truths in India", *The Stanford Encyclopedia of Philosophy* (Spring 2017 Edition), Edward N. Zalta (ed.).

THAKCHOE, Sonam, "The Theory of Two Truths in Tibet", *Stanford Encyclopedia of Philosophy* (Spring 2017 Edition), Edward N. Zalta (ed.)

THOMAS, Yan, « Le sujet de droit, la personne et la nature. Sur la critique contemporaine du sujet de droit », *Le Débat*, n° 100, mai-août 1998, p. 85 *sqq.*

THOMAS-FOGIEL, Isabelle, *Le lieu de l'universel. Impasses du réalisme dans la philosophie contemporaine*, Paris, Seuil, 2015.

TOCQUEVILLE, Alexis de, *De la démocratie en Amérique*, II tomes, Paris, Folio histoire, 1986.

VIRNO, Paolo, *Grammaire de la multitude. Pour une analyse des formes de vie contemporaines*, Paris, Conjonctures et l'Éclat, 2002

WEBER, Max, *Le savant et le politique*, Paris, Plon, 1959.

WIJAYARATNA, Mohan, *Sermons du Bouddha*, Paris, Seuil, 2006.

WILLIAMSON, Timothy, *Modal Logic and Metaphysics*, Oxford, Oxford University Press, 2015.

WITTGENSTEIN, Ludwig, *Tractatus logico-philosophicus*, suivi de *Investigations philosophiques*, trad. Klossowski, Paris, Gallimard, 1961.

ZIELINSKA, Anna C. (textes réunis par), *Métaéthique, Connaissance morale, scepticismes et réalismes*, Paris, Vrin, 2013

ZIMMER, Heinrich, *Les philosophies de l'Inde*, Paris, Payot, 1997.

INDEX NOMINUM

TABLE DES MATIÈRES

TROISIÈME PARTIE

UN PARADIGME POUR PENSER LES DROITS

IMPRIM'VERT®

Achevé d'imprimer par Corlet Numéric,
Z.A. Charles Tellier, Condé-en-Normandie (Calvados), en mai 2021
N° d'impression : 171841 - dépôt légal : mai 2021
Imprimé en France